다산과 추사, 유배를 즐기다

다산과 추사, 유배를 즐기다

석한남 지음

심우

아무도 알려주지 않은 다산과 추사의
유배 이야기

우리가 알고 있는 역사적 인물에 대한 이야기가 실제와 반드시 일치하는 것은 아니다. 때로 부풀려지기도 하고, 때로는 왜곡되기도 하면서 본질에서 벗어난 이야기가 많다. 그런 이야기는 마치 진실인 것처럼 전해 내려오고, 또 비판도 없이 그렇게 전해 내려가기도 한다.

조선의 인문학과 실학을 말하는 사람들에게 다산 정약용은 거의 종교적 숭배 대상에 가깝다. 이는 다산 사상의 바탕에 깔린 천주교의 영향과 위민 정신이 담긴 방대한 저술이 다산의 사상과 학문에 절대적 권위를 부여하고 있기 때문이다.

또 조선서예를 논하는 이들은 추사 김정희를 조선서예 전체를 대표하는 서성(書聖)으로 인식하고 추앙하려는 경향이 강하다. 추사의 천재성이 빚어낸 독특한 서체인 추사체가 이전 수백 년간 이어 내려온 조선 서예사에 독보적 위상으로 군림하고 있기 때문이다. 그러면서 추사의 서풍은 조선서예 전반에 대한 폄훼와 배타적 성향까지 이끌어 내고 있다.

다산이나 추사에 대한 대접이 부당하다는 이야기가 아니다. 다만 이들에 대한 과학적이고 논리적인 연구와 진실 추구 없이, 막연한 추앙과 도를 넘는 찬양 일색의 분위기는 문제라는 것이다.

필자가 이 책을 쓰게 된 가장 큰 이유가 바로 여기에 있다.

물론 조선의 예술사(藝術史)와 지성사(知性史)에 있어서 이 두 인물의 족적이 그 누구보다도 높이 평가되어야 한다는 데는 필자도 이견이 없다. 그러나 지금까지 우리가 접할 수 있었던 이들에 대한 수많은 정보는, 심지어 이들이 쓴 글씨조차도 제대로 읽어내지 못하면서 자칭 전문가라고 하는 사람들에 의해 작위적으로 구성된 것이 많다. 그들에 의해 조작되고 편집된—지극히 신비스럽고 극적인—과잉포장으로 다산과 추사가 마치 전설 속의 영웅으로 왜곡되고 부풀려서 비쳐지는 현상은 결코 바람직하지 않다고 생각한다.

필자는 오래전부터 조선사회의 지식인 가운데 가장 높은 관심을 받고 있는 다산과 추사라는 두 천재에 대해, 지금까지 유전되어온 다양한 자료들을 사실적 기록과 대조하면서 이들의 실체를 한번 제대로 확인해보고 싶었다. 그래서 이때까지 번역되어 전해온 문헌들은 모두 하나하나 고증하고 처음부터 다시 번역해보았다.

현실과는 다소 거리가 있는 과장이나 설화에서 벗어나 인간적인 모습을 바탕으로 이들의 출생, 학문, 가문, 교우관계, 벼슬살이와 가정생활 등을 냉정하게 살펴가며 있는 그대로의 참모습을 담담하게 살펴보려고 한 것이다. 그러다 보니 그동안 잘못 알려져 있거나 아무도 알려주지 않은 이야기가 드러나게 되었고, 이 책 구석구석에 그런 내용을 담을 수 있었다.

다산과 추사를 신화적인 존재로 믿고 싶어 하는 분들께는 이 책의 내용 중 일부분은 받아들이기에 불편한 내용일 수도 있을 것이다. 그러나 솔직히 말하자면, 이 모든 이야기는 현존하는 많은 자료들을 선입견 없이 객관적이고 냉정하게 읽어낸 것에 지나지 않는다. 그리고 모든 사실을 있는 그대로 쓴다고 하여도 다산과 추사의 천재성과 그들의 열정이 빚어낸 위대한 업적은 조금도 퇴색되지 않을 것이다. 이런 사실적 사료 위에 이 두 분에 대한 더 많은 연구가 함께 진행되기를 기대한다.

유배가 이들을 자유롭게 했다

다산과 추사는 확연히 다른 가문과 성장과정, 결코 융합될 수 없는 사상적 기반에도 불구하고 나름대로 학예 연찬을 통해 조선 인문학에서 최고의 인물로 우뚝 설 수 있었다. 그렇게 된 공통의 계기는 바로 유배였다. 여기서 연찬(研鑽)이란 사물의 도리나 학문 따위를 깊이 연구하는 것을 말하며, 유배란 죄인을 귀양 보내는 형이다. 유배는 다섯 가지 형벌(五刑) 가운데 하나로 조선 시대에는 그 죄의 가볍고 무거움에 따라 원근(遠近)의 등급을 결정하였다. 2천 리, 2천5백 리, 3천 리형의 세 종류가 있었으며, 모든 경우에 원칙적으로 장1백을 더하여 부과하였다.

그런 면에서 유배란 사대부에게 사형을 제외하고는 가장 치욕적인 벌로 패가망신하거나 가문의 위상이 크게 추락하는 경우가 잦았다. 다산은 종교적 이유로 18여 년간 유배생활을 했고, 추사는 정치권력의 패권 다툼으로 인하여 두 번에 걸쳐 10여 년의 유배 기간을 보냈다. 사대부 집안의 자손으로서 자신의 이름을 알리며 존경받는 위치에서 삶을 영위하고 있던 이들에게 유배는 더욱더 참기 어려운 고통과 치욕이었을 것이다.

그런데 아이러니한 것은 당사자들에게는 상당한 아픔이었을 이 유배가 결과적으로 사상과 예술의 새로운 완성을 이루는 계기로 작용하였다는 점이다. 유배가 이 두 사람을 당시 주류사회인 제도권으로부터 자유롭게 했기 때문에 오히려 사상과 예술의 자유를 마음껏 펼칠 수 있었다.

이 책에서는 판이하게 다른 두 사람의 출생과 성장, 학문, 벼슬살이와 인간관계, 유배의 원인이 된 사건 등을 실증적 자료로 비교해가면서 이들이 마주친 유배의 실상과 그 유배 생활이 이루어낸 학문과 예술에 대한 성과를 펼쳐보고자 한다.

끝으로 이 책이 나오기까지 격려와 도움을 주신 법무법인 율촌의 우창록 대표께 존경과 감사의 마음을 전한다.

2017년 8월 보라매 우거에서
동네훈장 석한남

차례

2부 _ 유배

1부

놋수저 양반과 금수저 사대부

1장

출발부터 너무 달랐던 다산과 추사

다산, 소외된 남인 집안에 태어나다

다산의 가문은 조선의 전형적인 관료 집안이었다. 다산의 아버지 정재원(丁載遠 1730~1792)은 참봉을 거쳐 1767년 연천현감, 1776년 화순현감을 지내고 1780년(정조 4년)에는 예천군수, 1790년에는 진주목사를 지냈다. 다산은 연천과 화순 등 아버지의 부임지를 따라다니며 가학을 이어받고 목민관의 자제로서 백성들의 고달픈 삶을 직접 목격하며 성장했다.

　다산의 장인 홍화보는 경상도, 함경도 등 여러 곳의 병마절도사를 지냈을 뿐 아니라, 무반으로 승지까지 지냈다. 다산의 아내는 무장(武將)인 아버지를 빼닮아 엄격한 여인이었다.

　여기 다산과 그 아내의 성품을 살펴볼 수 있는 귀중한 시 한 편이 전

다산 정약용, 성장기 연보

남인. 윤선도의 증손자인 윤두서의 외증손.

마재에 살다가 서울로 옮겨 세를 삶.

지방관인 부친을 따라 지방의 여러 한미한 지역을 전전.

가학을 계승하고 순수 수사학(洙泗學)●에 전념하였다.

권철신●을 통하여 서학(西學)을 접하고 위민사상의 사상적 토대를 형성하였다.

1762년 6월 16일	광주(廣州) 초부방(草阜坊) 마현리(馬峴里 지금의 남양주군 조안면 능내리 마현 또는 마재)에서 나주 정씨 정재원(丁載遠)의 4남 1녀 가운데 4남으로 출생. 자는 미용(美鏞)·송보(頌甫), 호는 사암(俟菴)·다산(茶山)·삼미자(三眉子).
1768년(7세)	오언시 〈산〉을 지음. 10세 이전의 저작《삼미자집》에 수록.
1776년(15세)	풍산 홍씨 홍화보(洪和輔)의 딸과 결혼. 서울 거주.
1777년(16세)	이가환, 매형 이승훈과 함께 성호 이익의 유고를 보고 사숙.
1779년(18세)	성균관에서 시행하는 승보시(陞補試)에 선발.
	녹암 권철신을 모시고 정약전, 이벽과 함께 천진암 주어사(走魚寺)에서 강학과 토론.

● 수(洙)와 사(泗)는 공자와 맹자가 살던 곳의 강 이름으로, 송대 이후의 성리학을 뛰어넘는 원시 유학의 모색이라는 뜻이다. 공자가 산둥성의 수수(洙水)와 사수(泗水) 사이에서 제자들을 모아 가르친 데서 유래한 말이다.

● 성호 이익에게서 배운 성호학파 학자였으며 천주교 신자였다. 1777년 경기도 양주에서 정약전·정약용 등의 남인 실학자들과 함께 서학교리연구회(西學敎理硏究會)를 열면서부터 본격적인 신앙생활을 시작했다. 홍낙민, 이승훈, 정약전, 정약용, 이윤하, 이벽, 윤유일 등이 제자가 되었다. 권철신의 학문은 현실 사회와 경제적 개혁의 의지를 담고 있는 것으로 평가된다.

해온다. 1784년 장맛비가 내리던 어느 날, 다산이 성균관에서 공부를 마치고 집에 돌아오자 집 안에서 소란스러운 풍경이 벌어지고 있었다. 끼니가 떨어지자 이웃집 호박을 훔쳐 죽을 끓인 계집종이 아내에게 혼이 나고 있었던 것이다. 다산은 이 일을 소재로 〈호박을 한탄함〉이라는 시를 지었다.

이 시를 통해 다산의 아내 홍씨의 곧고 불같은 성격과 이와는 대조적으로 따뜻하면서 조금은 세속적인 다산의 모습을 엿볼 수 있다. 그리고 무엇보다 소외된 남인계층 집안 사람으로서 젊은 시절 결코 넉넉하지 않았던 다산의 살림살이를 살펴볼 수 있다.

호박을 한탄함(南瓜歎)

굳은비 열흘 만에 길은 끊겼고
성 안에도 시골에도 밥 짓는 연기 사라졌네.
성균관에서 집으로 돌아오니
문을 들어서자마자 시끄럽게 야단이 났네.
들어보니 며칠 전 끼니거리 떨어져
호박으로 죽을 쑤어 배를 채웠는데
어린 호박 다 땄으니 앞으로는 어찌하나.
늦은 꽃 지지 않아 열매 아직 안 맺혔네.
옆집 밭의 항아리만큼 커다란 호박 보고
계집종이 슬그머니 가서 훔쳐와

충성을 바쳤으나 도리어 혼이 나네.

누가 네게 훔치게 했는가 회초리가 호되네.

아, 죄 없는 아이에게 성을 그만 내시게.

이 호박은 내가 먹을 테니 더 이상 말을 말고

날 위해 밭주인에게 사실대로 얘기하소.

오릉(於陵)*의 작은 청렴 나는 싫어한다오.

나도 장차 때를 만나면 높이 날게 되겠지만

그렇지 않으면 금광 찾아 가리라.

만 권 서적 읽었다고 아내가 어찌 배부를까.

밭 두 뙈기만 있어도 계집종 죄 안 지었을 것을.

苦雨一旬徑路滅

城中僻巷煙火絶

我從太學歸視家

入門譁然有饒舌

聞說瞿空已數日

南瓜鬻取充哺歠

早瓜摘盡當奈何

晚花未落子未結

● 오릉(於陵) : 전국 시대 제(齊)나라의 진중자(陳仲子)는 매우 청렴하여, 세가(世家)의 집안에서 태어난 데다 형이 합(蓋) 땅에 식읍을 두어 매우 풍족한데도 이를 불의(不義)한 것이라 하여 오릉(於陵) 땅에 가서 매우 가난하게 살았다. 《맹자》 '등문공편(滕文公篇)'에 나온다.

隣圃瓜肥大如瓨
小婢潛窺行鼠竊
歸來效忠反逢怒
孰敎汝竊筆罵切
嗚呼無罪且莫嗔
我喫此瓜休再說
爲我磊落告圃翁
於陵小廉吾不屑
會有長風吹羽翮
不然去鑿生金穴
破書萬卷妻何飽
有田二頃婢乃潔

이즈음 다산은 서울 남산자락에 있는 지금의 회현동에 신혼살림을 차렸다. 어진 선비들이 모였다는 뜻의 '회현(會賢)'이라는 말에서 알 수 있듯이, 이곳은 이전에 정승 12명을 배출한 정광필 집안을 비롯하여 이항복, 이덕형 등 어진 선비들이 살았던 곳이다.

회현동은 권세 있는 양반이 주로 거주했던 북촌에 비하여 비교적 가난한 동네여서, 가난한 양반을 빗대어 이르는 말인 '남산골 샌님'이나 신을 신발이 없어서 마른날에도 나막신을 신는다는 '딸깍발이'라는 말이 여기에서 나왔다. 조선 말기에 이 마을은 권력에서 밀려난 남인들이 주로 살았다. 어떤 연유로 남인의 후손이었던 다산이 이곳에 살게 되었는지는 알 수 없다.

이 시는 다산이 우리 나이로 23세가 되던 해에 일어난 일을 시로 쓴 것이다. 젊은 날 다산은 이렇게 곤궁했다.

추사, 유복한 집안에 태어나 천재로 살다

추사가 8세 때 아버지 유당 김노경(酉堂 金魯敬 1766~1837)에게 보낸 편지가 있다. 이 편지를 통해 추사의 조숙한 천재성과 따뜻한 마음을 엿볼 수 있다.

> 伏不審 潦炎 氣候若何 伏慕區區 子 侍讀一安 伏幸
> 伯父主行次 今方離發 雨意未已
> 日熱如此 伏悶伏悶 命弟幼妹 亦好在否
> 餘不備 伏惟下監 上白是
> 癸丑 流月 初十日 子 正喜 白是

> 장마 더위에 건강은 어떠신지요? 너무나 그립기만 합니다.
> 저는 어른 모시고 글을 읽으며 잘 지내고 있으니 다행입니다.
> 큰아버지께서 지금 막 떠나셨는데 비는 그칠 기미가 보이지 않고
> 날씨는 무덥기만 하니 걱정스럽기 그지없습니다.
> 아우 명희와 어린 여동생도 잘 있습니까?

추사 김정희, 성장기 연보

노론. 경주 김씨로 월성위* 집안의 양자, 정순왕후 11촌 조카.

예산 월성위가의 상속인으로 서울에서 부유한 삶을 누림.

박제가의 제자로, 부친 김노경을 따라 자제군관으로서 연경에 사행 다녀옴. 당대 최고의 지식인 옹방강, 완원 등과 교류. 이를 통하여 새로운 학문 영역을 펼침.

1786년	월성위 김한신의 손자 김노경(金魯敬)과 어머니 기계 유씨(兪氏)의 장남으로 출생. 백부인 김노영(金魯永)의 후사로 월성위 집안의 대를 이음.
1791년 6세(정조 15년)	월성위궁(月城尉宮)에 입춘첩(立春帖)을 써 붙임. 그것을 본 박제가(朴齊家)가 학예로 세상에 이름을 드날릴 것을 예언함. 이후 박제가에게 학문을 익힘.
1809년	24세에 생원시 1등. 동지겸사은사부사 김노경의 자제군관(子弟軍官)*으로 연행(燕行).

* 김한신(金漢藎 1720~1758) : 조선 후기의 문신으로 1732년에 영조의 둘째딸 화순옹주(和順翁主)에게 장가 들어 월성위(月城尉)에 봉해졌고, 벼슬은 오위도총부도총관, 제용감제조를 지냈다. 그는 키가 크고 인물이 준수했으며 재주가 총명했는데, 특히 글씨를 잘 썼다. 그 중에서도 팔분체(八分體)에 뛰어나, 애책문(哀册文)·시책문(諡册文) 등을 많이 썼고, 전각(篆刻)에도 뛰어나 인보(印寶)를 전각했다.

* 연행을 나가는 사신의 형제나 아들 등으로서 사행단을 수행하였다.

下監　上白是

癸丑流月初十日子正喜是白

書到審　侍讀

一向近日輪症而

得姑免甚慮㞑

间姑遣耳

추사가 8세(1793년) 때 아버지에게 쓴 편지, 문화재관리국 《추사유물도록》 (2013년)

十二月父

伏不審潦炎

氣候若何伏莫區區子侍讀

一安伏幸

伯父主行次今方離發兩意未

己日熱如此伏問伏問命第

이만 줄입니다. 살펴주시기 바라며 글을 올립니다.

1793년 6월 10일 아들 정희 올림

아버지 김노경은 어린 아들의 편지를 받고 그 편지의 빈 공간에 이렇게 답을 채워 넣었다. 8살밖에 안 된 어린 아들을 가정의 어엿한 장남이자, 한 사람의 선비로 대하고자 했던 조선 명문가의 자녀교육을 그대로 느끼게 한다.

편지가 도착해서 네가 어른 모시고 책을 읽으며 잘 지낸다는 것을 알았단다.

요즈음 돌림병 또한 일단 벗어났다니 무척 위안이 되는구나.

나는 그런대로 잘 지낸다.

큰아버지께서는 평안하게 잘 돌아가셨으니, 기쁘고 다행스러움이 더 말할 나위가 없다.

명희와 젖먹이 아가는 모두 잘 있단다.

길게 쓰지 못하고 이만 줄인다.

12일 애비가

書到 審侍讀一安 近日輪症 亦得姑免 甚慰 此間姑遣耳

伯氏行次 平安還 第欣幸何言 命哥及乳兒 皆善在耳 姑不多及

十二日 父

추사가 유복한 집안 출신임은 부인할 수가 없다. 영조(英祖

추사 가계도

영조
(1694~1776)

김한신
(1720~1758)

화순옹주
(1720~1758)

사도세자
(1735~1762)

김이주
(1730~1797)

정조
(재위 1776~1800)

김노영
(1746~1797)

김노경
(1766~1837)

양자

김정희
(1786~1856)

김정희
(1786~1856)

김명희
(1788~1857)

김상희
(1794~1861)

서자 김상우
(1817~1884)

양자 김상무
(1819~1865)

1694~1776) 임금이 그토록 사랑하고 아꼈던 화순옹주(和順翁主 1720~1758)와 결혼한 월성위 김한신(月城尉 金漢藎 1720~1758)이 바로 추사의 증조할아버지이다. 추사는 큰아버지에게 양자로 들어가 월성 위 가문의 모든 것을 이어받았다. 게다가 영조의 마지막 부인인 정순

왕후는 추사와는 11촌 사이였다. 지금은 얼굴 한 번 못 보고 지내는 먼 친척으로 남과 다를 바 없이 보이나 조선시대에 11촌은 지근거리의 친척이었다. 그런 가문에 출생한 추사는 원하는 것을 다 얻을 수 있는 부와 권력을 갖추고 있었을 뿐 아니라, 추사는 추사대로 천재적 기질과 학문적 수양 능력을 갖고 있었다. 24세에 생원시 장원이라는 결과가 이를 입증해준다. 그러나 그보다 더 뛰어난 것은 글씨에 대한 예술혼과 감성이었다.

2장

학통과 학예 연찬에서 다른 길을 걷다

다산과 추사를 비교해보면, 성장 과정에서부터 주변 인물들까지 확실한 차이를 보인다. 한쪽은 시대의 개혁을 꿈꾸는 실학자 그룹과 서학의 쟁쟁한 인물에 둘러싸여 있었고, 다른 한쪽은 시대를 이끌던 주류 정치 학문 집단의 수장들과 교류하고 있었다. 그림으로 보면 이들의 차이는 더 확연히 드러나 보인다.

비주류 지식인들과 맺은 다산의 학통(學統)

이 표에서 가장 앞에 보이는 인물은 성호 이익(星湖 李瀷 1681~1763)이다. 이익은 이잠(李潛 1660~1706)의 아우로, 이잠은 숙종 때 장희빈(張禧嬪)과 훗날 경종이 되는 그의 아들을 두둔하는 상소를 올린 것 때문에

	이중환(李重煥)	
	윤동규(尹東奎)	
	신후담(愼後耼)	
	이병휴(李秉休)	
이익(星湖 李瀷)	권철신(權哲身)	이가환(李家煥)
		정약전(丁若銓)
		정약용(丁若鏞)
	안정복(安鼎福)	
	이맹휴(李孟休)	

역적으로 몰려 국문(鞫問)을 받던 중 47세로 죽은 인물이다. 그는 현실 정치의 희생자로 일찌감치 벼슬을 포기하고 학문에 정진한 학자였다.

이익은 관직의 욕심을 버리고 돌아와 농사짓던 경험을 통해 토지와 농경생산의 중요성을 강조하고 경제제도의 개혁을 주장한 실학적 인물이다. 그는 한전론을 통해 개인이 소유할 수 있는 토지를 한정하여 많은 사람들이 균등하게 토지를 소유할 수 있도록 하자고 주장했다. 노비제도 혁파와 양반도 생산에 참여해야 한다는 주장을 폈고 자영농민과 공생을 꿈꿨다.

한편 이익은 유학자들이 고집해왔던 중국 중심의 세계관에서 탈피하여 우리나라의 고유성과 정통성을 인정하고 이를 발전시키자고 하였으며, 민족의식과 고유 역사인식을 가져야 한다고 주장했다.

다산에게 영향을 많이 끼친 이가환(李家煥)은 이익의 증손자이자 이승훈의 숙부이다. 또한 이잠(李潛)의 증손이기도 하다. 다산은 그를 통해 일찍부터 실학에 눈을 떴다. 이가환은 다산이 '귀신이 아닌가 의심할 정도'로 천재였을 뿐 아니라, 정조까지도 인정한, 공식적으로 당대 최고의 천재라는 평가를 받았다. 실학자로 개성유수, 공조판서, 도총관, 형조판서 등을 지냈지만 아깝게도 신유박해 때 옥사하였다. 이가환의 누이가 한국 최초로 영세를 받은 이승훈의 어머니이다.

남인으로 예송논쟁에서 송시열의 노론에게 밀려 유배를 떠난 고산 윤선도(孤山 尹善道)의 증손인 공재 윤두서(恭齋 尹斗緒)는 다산 어머니의 할아버지였다.

권철신은 이벽의 처남으로, 이익의 문하에서 수학한 후 점차 성호학파의 이름난 학자가 되었다. 그에게 영향을 미친 인물들로는 이병휴, 안정복, 윤동규, 홍유한 등이 있으며, 특히 이병휴의 영향이 컸다. 권철신은 현실 사회와 경제적 개혁의 의지를 담고 천주교를 접하면서 신유박해(辛酉迫害) 때 체포되어 매를 많이 맞고 사망했다.

정약전(巽庵 丁若銓 1758~1816)은 알려진 대로 다산의 둘째 형이다. 이익의 학맥을 이어받았으며, 서학의 영향을 받았고, 성호학파를 이끌던 권철신의 문하에서 학문을 익혔다. 1790년(정조 14년) 왕자의 탄생을 기념하는 증광별시에서 장원으로 급제하고, 부정자(副正字) · 초계문신(抄啓文臣)에 이어 1797년 병조좌랑(兵曹左郎)이 되었다. 그러나 순조가 즉위하자 노론 벽파의 공격으로 신유박해(1801. 순조 1년)가 일어나 다른 천주교 신도들과 함께 화를 입었다. 그런 뒤 다시 황사영 사건으로 1801년 11월 5일 흑산도(黑山島)로 유배되었다. 그가 남긴 걸작 《자산어보(玆山魚譜)》는 실학자로서 그를 높이 평가하게 만들었으나, 흑산도에서 돌아오지 못하고 1816년 6월 6일 유배 생활 16년 만에 생을 마쳤다.

이렇듯 다산의 학통은 본인의 가계와 더불어 조선 말기 소외받은 지식인의 계보와 일치하고 있다. 당시 비주류 지식인들 사이에서 다산은 현실을 보는 눈을 떠가고 있었다.

소외된 천재들과 맺은 지란지교(芝蘭之交)

앞에서 살펴본 권철신과 이가환 외에도 이서구, 이덕무, 박제가 등은 다산과 우정을 맺은 훌륭한 벗이었다.

이서구(李書九 1754~1825)는 1785년(정조 9년)에 시강원사서, 1786년(정조 10년)에 홍문관교리를 거쳐 한성부판윤, 평안도관찰사, 형조판서, 판중추부사 등의 벼슬을 역임하며 임금의 총애를 받았던 인물로 다산에게 적지 않은 영향을 미쳤다. 그는 벼슬보다는 은거(隱居)에 뜻을 두었는데, 아들이 없음과 늙어감, 그리고 자신이 벼슬을 한 일을 평생의 애석한 일로 여길 정도로 깨끗한 인물이었다.

이덕무(李德懋 1741~1793)는 서얼 출신으로 평생을 가난하게 살며 책과 관련한 많은 일화를 남겼다. 그는 가학으로 학문을 익히고 닦아 1779년에 박제가 · 유득공 · 서이수와 함께 초대 규장각 외각검서관이 되었다. 시문에 능해 규장각 경시대회(競詩大會)에서 여러 번 장원을 차지했다. 그는 중국에 가기 전부터 조선의 유명한 시인으로 이름을 얻고 있었다. 정조의 사랑과 신임도 받아 1781년 내각검서관을 거처, 적성현감, 사옹원주부를 지냈다. 그리고 1793년 질병으로 사망하기까지 많은 저서를 남겼다.

박제가(朴齊家 1750~1805)도 양반 가문의 서자로 태어났다. 전통적인 양반 교육을 받기는 했으나 신분의 제약으로 관직에 오르지 못하다가, 1779년 규장각에 검서관(檢書官)이 되면서 이덕무 · 유득공 · 서이수(徐理修) 등의 서얼 출신 학자들과 함께 많은 책을 교정, 간행했다. 1794년 2월에 춘당대 무과(春塘臺武科)를 보아 장원으로 급제하여, 1801년(순조 1년) 사은사 윤행임(尹行恁)을 따라 이덕무와 함께 네 번째 연행길에 올랐다. 그러나 돌아오자마자 동남성문 흉서 사건의 주모자인 윤가기(尹可基) 사촌으로서 이 사건과 관련 있다는 혐의를 받아 종성에 유배되었고 1805년에 풀려났으나 곧 병으로 죽었다.

수사학(洙泗學)의 토대 위에서 본 다산의 사상

수사학(洙泗學)으로 회귀 →	서학(西學)의 도입 →	경세(經世)와 실사구시
공자 · 맹자학의 원론적 규명 오학(五學 성리학, 훈고학, 문장학, 과거학, 술수학) 비판 육경과 사서의 재해석	인간과 사회의 가치 추구 주재천(主宰天 신앙적 대상)의 인식 실용주의	사회 현실에 대한 문제의식 사회 전반에 걸친 개혁사상

本
수기(修己)
육경사서(六經四書)

末
치인(治人, 牧民)
일표이서(一表二書) :
경세유표(經世遺表), 목민심서(牧民心書), 흠흠심서(欽欽新書)

이덕무, 박제가, 이서구, 이 세 사람은 유득공과 함께 백탑파 혹은
이용후생파로 불리는 실학자로 이름을 얻었다.

다산은 '자찬묘지명(自撰墓誌銘)'에 이렇게 썼다.

"육경(六經) 사서(四書)로써 자신의 심신을 수양하고, 일표이서(一表二
書)로써 천하와 국가를 다스리니, 이로써 본(本)과 말(末)을 갖추었다."
六經四書 以之修己 一表二書 以之爲天下國家 所以備本末也

여기서 수사학(洙泗學)이란 앞서 언급한 대로 공자(孔子)의 가르침을
근본으로 삼는 전통적인 학문을 말한다. 다산의 학문은 수백 년 동안
조선 사회가 절대적 이데올로기로 삼은 주자학에서 벗어나 공자와 맹
자의 근본적인 가르침으로 회귀하는 것을 그 전제로 하고 있다.

연경(燕京)의 귀한 인연

연경은 북경의 옛 지명이며 사행은 청나라 수도를 방문하는 것이다.
추사가 살던 시대에 전 세계의 지식인과 문물이 들고 나던 연경은, 선
진 학문을 접할 수 있는 곳으로써 그곳에 사행을 다녀오는 것은 사대
부들 누구나 꿈꾸는 단기 유학길이었다.
추사의 아버지 유당 김노경은 월성위 김한신의 손자이자, 판서 김

추사의 연행일지(燕行日誌)

1809년
10월 28일: 한양 출발.

11월 16일: 의주 도착.

11월 24일: 압록강을 건너 구련성(九連城)에서 묵음.

11월 26일: 봉황성(鳳凰城) 도착.

12월 1일: 연산관(連山關)에서 묵음.

12월 2일: 회녕령(會寧嶺), 청석령(靑石嶺)을 넘어 낭자산(狼子山)에
서 묵음.

12월 5일: 심양(瀋陽) 도착.

12월 11일: 대릉하(大凌河)를 거쳐 쌍양참(雙陽站)에서 묵음.

12월 13일: 탑산(塔山)에 이르러 발해(渤海)를 바라봄.

12월 16일: 팔리보(八理堡)에서 점심을 먹고 산해관(山海關)에 들어
감.

12월 17일: 새벽에 출발하여 유관(楡關)에서 묵음.

12월 18일: 부락령(部落嶺)을 지나 십팔리보(十八里堡)에 도착.

12월 19일: 고죽성(孤竹城)에 도착.

12월 21일: 환향하(還鄕河)를 건너 고려보(高麗堡)에 도착, 사람들이
'옛날 우리 사로잡힌 사람들이 사는 곳'이어서 송편 등,
조선과 풍속이 같다고 함.

12월 22일: 연교보(燕郊堡)에서 묵음.

12월 24일: 백하(白河)를 건너 연경(燕京)에 도착.

– 이경설(李敬卨)의《연행일기》에서 정리

이주(金頤柱 1730~1797)의 아들로 태어나 경상도와 평안도의 관찰사를 거쳐 예조·이조·공조·형조·병조의 판서를 역임하고, 대사헌·판의금부사·광주부유수·지돈녕부사 등의 요직을 거쳐 1809년 동지 겸 사은부사로 연경에 가게 되었다. 동지사는 조선시대에 명나라와 청나라에 보내던 사절 또는 파견된 사신을 말하는데, 대개 동지 전후에 떠나기 때문에 동지사라 불렀다. 이는 정조사(正朝使)·성절사(聖節使)와 더불어 조선이 청나라에 보내던 정기 사신단으로서 삼절사(三節使)라 했다.

서울에서 부유한 삶을 누리고 있던 추사는 24세의 나이로 생원시 장원을 하고 아버지 김노경의 자제군관(子弟軍官)으로 연행길에 올랐다. 그곳에서 그는 당대 최고의 지식인 옹방강(翁方綱 1733~1818), 완원(阮元 1764~1849) 등과 만나 지적 교류를 활발히 하면서 새로운 학문 영역을 펼치게 된 것이다.

이 40여 일에 걸친 연행(燕行)과 당대 중국 지식인들과의 만남은 추사의 학문과 예술 연구에 큰 영향을 끼쳤다. 그는 28세 때 쓴《계당서첩(溪堂書帖)》발문에 "내가 연경에 갔다 온 이후, 글씨가 하루가 다르게 질박(質朴)하고 견실(堅實)해져……"라는 평가를 스스로 내리기도 했다.

험난하지만 기대에 가득 찬 연행길

연행길은 왕복 5개월 정도 걸리는 쉽지 않은 여정이었다. 연행의 전체 노정을 시작하는 한양에서부터 북경까지는 무려 3천1백 리가 넘는 먼 길이었다. 18~19세기 중국으로 떠나는 조선 사신단은 정사와 부사, 개인수행원, 역관(통역), 의원, 화원(그림으로 기록을 남기는 화공), 마부, 짐꾼 등을 합쳐 300~400명이나 되는 대규모 여행단이 보통이었다. 당시 청나라와 조선 사이에 책문(국경)이 생기면서 인가를 다 철수시켰기에 사신단은 인가가 없는 곳을 지나가면서 노숙은 기본이고 홍수나 한발, 도적떼의 습격을 겪기도 했으며, 호랑이에게 피습을 당하기도 했을 정도였다. 어쩌면 목숨을 내걸고 떠나야 하는 험난한 여정이었지만 신지식에 목마른 조선의 천재는 기꺼이 이 사신단에 참여하였다.

그가 출발한 날이 1809년 10월 28일이니《열하일기》의 저자 연암 박지원(燕巖 朴趾源 1737~1805)의 연경행보다 거의 20년 후의 일이다. 이미 16~17세기 조선의 사대부들처럼 청나라를 오랑캐라고 멸시하고 그들에게 배우기를 꺼려하던 때가 아니었다. 조선의 신지식인들은 청나라의 문물을 열렬히 흠모하였다. 연암이 연경을 다녀와서 쓴《열하일기》는 청나라의 신세계를 살펴볼 수 있는 교과서 역할을 했기에 당대 조선 지식인들은 거의가 이를 읽고 연경행을 꿈꾸었을 터였다. 연암보다 49년이나 뒤에 태어난 추사는 그런 배경에서 청나라의 지식인들을 만날 부푼 꿈을 품고 연행길에 오른 것이다.

추사는 그해 10월 28일 한양을 떠나 11월 16일 의주에 도착했다. 걸어서 뒤따르는 일행을 추스르며 거의 20일이나 걸려 도착한 것이었다. 의주에서 다시 구련성까지는 8일이나 걸렸다. 압록강을 건너 세관 검사를 받아야 했기 때문이다. 세관 검사에서 하급 군관이나 역관들은 거

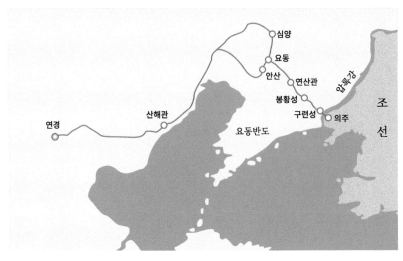

추사의 연경 사행길

의 발가벗기는 수모를 겪으며 밀수 여부를 조사받기도 했다. 그 와중에 자제군관으로 나간 추사는 사신단의 안위나 주변을 살피기보다 그가 만날 연경의 지식인들, 특히 옹방강에 대한 궁금증과 호기심으로 가득 차 있었을 것으로 생각된다. 옹방강은 청나라 관리이자 서법가(書法家), 문학가, 금석학자(金石學者)로 당대 최고의 지식인이라는 평가를 받고 있었기 때문이다.

추사 일행은 이틀 후 봉황성을 지나갔다. 봉황성은 고구려 산성 가운데 가장 큰 산성이라 할 수 있으며 오골성(烏骨城)이라고 불렸다. 지금의 압록강 하류에 위치한 중국 요녕성 단동시 동북쪽 20여 킬로미터쯤 떨어진 곳에 자리하고 있는 곳이다. 고구려의 옛 성을 지나던 추사는 어떤 생각을 했을까.

일행의 여정은 연산관을 지나 청석령을 거쳤는데 청석령에서 낭자산에 이르는 길은 가장 험한 사행로라는 이야기가 있을 정도로 불편한 경로였다. 그렇게 도착한 낭자산에서 하루를 묵고 마지막 여정을 재촉했다. 이 험로의 긴 여행을 추사는 오로지 청나라의 대표적인 지식인과 만날 기대감으로 모든 것을 감내하며 달려간 것이 아닐까 짐작해본다. 그가 청석령을 지나며 당시 자신의 감정을 시에 담은 것이 바로 〈요동 벌판〉이다.

요동 벌판(遼野)

산은 석령에 이르러 끝이 나고
만리가 옷깃 앞에 비껴 있네.
하늘과 땅 사이가 텅 비었는데
모두가 이 사이에 놓였네.
물은 움푹하고 산은 우뚝하니
군더더기일랑 말끔히 쓸어버렸네.
하늘 끝닿은 곳은 그 어디인가.
땅의 모습이 둥근 것을 믿게 된다네.
끝닿은 곳을 보며 거기라고 여겼더니
그곳에 당도하니 다시금 아득하네.
해와 달이 바다에서 솟는 것이 아니라
모두 대륙을 따라 타고 오르네.

하얀 탑은 버섯 머리 모양으로 솟았으니

어찌 변방이 웅장하다고 하리오.

떠도는 구름은 변화무상하여

때때로 먼 산인 양 헛보이기도 하네.

천추의 큰 울음 터*라고 하였으니

기발한 은유 그대로 절묘하구나.

갓 태어난 아이가

태어나자마자 우는 울음에 비유하였네.

시방세계(十方世界) 항사불(恒沙佛)*이여

백억인지 천억인지 끝이 없구나.

만약에 이 땅을 가지고 가늠하려면

도리어 한 번 더 이어야 하네.

예전의 선로(線路)를 따라 가노라니

사람의 가는 길일랑 참으로 가련하여라.

山到石嶺盡

萬里橫襟前

天地空虛處

儘在此中間

水凹與山凸

- 천추의 큰 울음 터……: 연암 박지원의 《열하일기》 '호곡장론(好哭場論)'에서 인용하였다.
- 항사불(恒沙佛): 항하강의 모래 숫자와 같이 많고 많은 부처님이라는 뜻이다.

平掃疣贅縣
乾端入何處
地體信覺圓
視極以爲際
到際又茫然
兩曜匪海出
皆從大陸緣
白塔出菌頭
何以雄塞邊
遊雲弄狡獪
時自幻遠山
千秋大哭場
戲喩仍妙詮
譬之初生兒
出世而啼先
十方恒沙佛
無量百億千
如將此地量
還復着一連
依舊從線路
人行殊可憐

추사는 12월 5일 청나라 초기 수도였던 심양(瀋陽)에 도착하여 그곳의 문물을 살필 수 있었다. 그는 13일 탑산(塔山)에 이르러 발해(渤海)를 바라보고 16일 산해관, 19일 고죽성, 21일 고려보에 도착했다. 그는 24일 백하를 건너 드디어 꿈에 그리던 연경에 도착했다.

청나라 지식인을 만나다

1809년	12월 29일 : 옹방강 방문.
1810년	1월 26일 : 옹성원, 주자인, 유삼산 등과 만남.
	1월 모일 : 완원, 주학연 등과 만남.
	2월 1일 : 송별연
	2월 3일 : 출발
	3월 4일 : 압록강을 건너 귀국.
	3월 17일 : 귀국 보고.

12월 29일부터 추사는 자신이 보고 싶어 했던 청나라 지식인들을 마음껏 만났다. 그는 우선 옹방강 · 옹성원 부자를 만났다. 이어서 《황청경해》를 펴낸 대학자 완원을 만나 가르침을 받고, 그에게서 큰 영향을 받게 되었다. 추사의 호 중에서 '승설노인(勝雪老人)'이라는 호는 추사가 완원의 서재에서 승설차(勝雪茶)를 마시고 감동하여 지은 것이다. '완당(阮堂)', '노완(老阮)', '병완(病阮)' 등 추사가 중년 이후에 즐겨 썼던 호에 들어가는 '완(阮)' 자는 '완원(阮元)'의 '완(阮)' 자를 따서 지

은 것이다.

또한 추사는 주학년을 비롯하여 이심암, 홍개정, 담퇴재, 유삼산, 김근원, 이묵장 등 차세대 청나라 지식인들도 만났다. 그 흔적이 그림으로 남아 있는데, 북경 법원사에서 추사를 송별하는 장면이 담긴 〈추사전별도〉가 그것이다. 옹방강의 제자 주학년이 그린 이 그림에는 거기에 참석한 사람들의 이름이 모두 적혀 있다. 이 그림이 담긴 화첩은 지금 어느 개인이 소장하고 있다고 하는데, 공개되지 않아 제대로 살필 수는 없어 안타깝다. 여기에 《추사박물관 개관도록》에 실려 전해오는 원본 흑백사진을 실어 화제를 읽는 것으로 아쉬움을 대신한다.

가경 경오(1810년) 2월. 조선 김 추사 선생이 귀국하려고 하면서 빈 화첩을 내놓고 그림을 요구했다. 시간이 없어서 많이 그릴 수는 없으나 광경을 보고 그대로 그려서 한때의 아름다운 모임을 기록한다.
함께 모인 사람은 양주 완운대(揚州 阮芸臺), 백강 이심암(柏江 李心庵), 의황 홍개정(宜黃 洪介亭), 남풍 담퇴재(南豊 譚退齋), 번우 유삼산(番禺 劉三山), 대흥 옹성원(大興 翁星原), 영산 김근원(英山 金近園), 금주 이묵장(錦州 李墨莊)이다.
양주 주학연(揚州 朱鶴年) 그리다.

嘉慶 庚午 二月 朝鮮 金秋史先生將歸 出素冊索畫 恩恩不能多作 即景寫圖以誌 — 時勝會同集者 揚州阮芸臺 柏江李心庵 宜黃洪介亭 南豊譚退齋 番禺劉三山 大興翁星原 英山金近園 錦州 李墨莊

嘉慶庚午二月朝鮮
金秋史先生將歸出素冊索畫卷
不暇多作即景寫圖以誌一時
勝會同集者揚州阮芸臺松江李心菴宜興黃介亭
南豐譚退齋番禺劉三山大興翁星原英山金近園
綿州李墨莊　揚州朱鶴年

주학년 〈추사전별도〉, 《추사박물관 개관도록》, 소장처 불명

揚州 朱鶴年

옹수곤과 《천제오운첩(天際烏雲帖)》

1810년 3월, 연행을 마치고 귀국한 추사는 연경에서 운명적으로 마주하게 된 새로운 인문 세계의 토대 위에 열정적으로 학문과 예술의 꽃을 피워나갔다. 그는 당대 청나라 최고 지식인인 옹방강, 완원과는 사제(師弟)로서 인연을 이어갔다. 동시에 옹방강의 아들 옹수곤(翁樹崑 1786~1815)을 비롯한 차세대 지식인 주학년(朱鶴年 1760~1834), 섭지선(葉志詵 1779~1863), 오숭량(吳崇梁 1766~1834), 사학숭(謝學崇 1785~1842) 등과도 학문적 교류를 계속해나갔다.

특히 옹방강·수곤 부자와는 귀국 직후부터 옹방강이 사망한 1818년까지 마치 혈육과 같이 깊은 정을 나누게 되었다. 이는 옹방강의 아들 옹수곤이 추사와 동갑내기였던 까닭에 더욱 살가운 정을 느꼈을 거라고 생각된다.

옹수곤은 1813년 6월 3일, 추사의 생일에 맞춰 《천제오운첩(天際烏雲帖)》을 임모●하여 보냈다. 소식(蘇軾), 즉 소동파의 친필로 전하는 이 작품의 원본은 옹방강의 애장품이었다. 옹방강은 일찍이 《천제오운첩》을 구한 뒤 소동파를 기리는 마음으로 서실에 자신을 지칭하는 '소재(蘇齋)'라 써서 편액을 달고, '소재묵연(蘇齋墨緣)'이란 인장(印章)도 새겼다. 옹방강은 소동파의 생일인 12월 19일에 맞춰 해마다 지극정성

● 임모(臨摸)하다 : 글씨나 그림 따위를 본을 보고 그대로 옮겨 쓰거나 그리다.

으로 제사를 지낼 만큼 소동파에 대한 존경과 그리움이 컸고 그의 작품 또한 귀하게 여겼을 것이다. 그런 작품인《천제오운첩》의 원본을 추사가 방문했을 때 보여주고 생일에 맞춰 임모본을 보낸 것이다.

옹수곤은 이 작품의 임모본을 보내면서 이역만리 조선 땅에 살고 있는 벗 추사에게 '소재(蘇齋)'에서 맺은 이 아름다운 묵연(墨緣 : 묵이 먹으로 맺어진 인연)이 영원히 이어지기를 소망한 것이다. 그러나 추사에게 이 작품을 보낸 지 두 해가 지난 어느 날, 당시 나이가 불과 30세였던 옹수곤은 불행히도 세상을 떠났다.

하늘가 검은 구름은 비를 머금어 무겁게 드리웠고
누대 앞 붉은 햇빛 산을 환히 비추네.
숭양거사(崇陽居士)는 지금 어디에 있는가.
반가운 눈으로 사람을 보니 멀리 정만 흐르네.

채군모(蔡君謨)가 꿈속에서 지은 시이다.

天際烏雲含雨重
樓前紅日照山明
崇陽居士今何在
靑眼看人萬里情

蔡君謨夢中詩也

이는 우리 소동파 어른이 쓴 채군모의 몽중시(夢中詩)이다.

채군모와 소자첨은 모두 항주자사를 지냈다.

촉(蜀) 나라 사람 우집(虞集 1272~1348)이 쓰다.

此吾坡翁書 蔡君謨 夢中詩 蔡君謨 蘇子瞻 皆杭守也 蜀人虞集

가경 계유(1813년) 6월 3일, 우리 추사 경형(庚兄)을 위해 소재의 묵연을
기리며 이 진적을 임모한다.

경제(庚弟) 옹수곤

嘉慶癸酉 六月 三日 爲吾秋史庚兄 臨此眞蹟 以記蘇齋墨緣

庚弟 翁樹崑

이 시는 소식(蘇軾)의 《몽시첩(夢詩帖)》에도 보인다. 옹방강은 그의
저서 《소시보주(蘇詩補注)》에서 "지순(至順) 신미년(1331) 2월 보름에 촉
(蜀) 나라 사람 우집(虞集)이 썼다"라고 기술했다.

채군모는 송나라 사람 채양(蔡襄 1012~1067)이며 자는 군모(君謨)이
다. 또한 그는 독특한 방법으로 만든 다병(茶餠)을 조정에 바쳐 다도의
풍습을 만든 사람으로도 알려져 있다. '파옹(坡翁)'은 소식을 지칭한
다. 뒤에 나오는 '자첨(子瞻)'은 소식의 '자(字)'이다. 소식의 호는 동파
거사(東坡居士), 또는 설당(雪堂), 단명(端明), 미산적선객(眉山謫仙客), 소
염경(笑髥卿), 적벽선(赤壁仙) 등이며, 애칭으로 파공(坡公) 또는 파선(坡

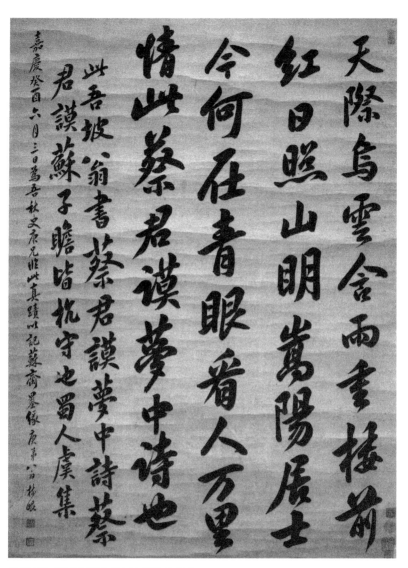

天際烏雲含雨重
紅日照山明嵐陽居士
今何在眼看人萬里
情此蔡君謨夢中詩也
此吾坡翁書蔡君謨夢中詩蔡
君謨蘇子瞻皆抗守也蜀人虞集
嘉慶癸酉六日三日爲吾史庚兄性此真蹟以記蘇齋墨緣庚第六石枌瓜

옹수곤 작, 《천제오운첩》 임모본, 동혼재 소장

仙)이라고도 불리었다.

'반가운 눈'의 원문인 '청안(靑眼)'은 죽림칠현의 한 사람인 완적(阮籍)이 반가운 사람에게는 청안(靑眼)으로 대하고 그 이외의 사람에게는 백안(白眼)으로 대했다는 고사에서 유래했다.

제발(題跋)의 끝부분에 옹수곤은 추사를 '경형(庚兄)'이라 칭하고 자신을 스스로 '경제(庚弟)'라고 낮춰 썼다. 여기서 경형은 동년배에 대한 존칭이다. 옹수곤은 추사와 동갑이었다. 옛사람들은 다른 사람에게 글을 써서 보낼 때 나이에 관계없이 자신을 아우, 즉 제(弟)라고 칭했다. 옛사람의 글을 살피다 보면, 심지어 동방입격(同榜入格)한 과거시험 동기생이 자신의 자식보다 어린 경우에 '제'라고 쓰기가 민망한 나머지 '노제(老弟)' 즉 늙은 아우라고 쓴 사례가 발견되기도 한다. 타인을 존중하는 선비의 마음이 고스란히 나타나는 대목이다.

요즘 사람들은 다양한 모임에서 관계를 맺을 때 무엇보다 생년월일을 따져 줄 세우기부터 한다. 그런 뒤 위아래를 구분 짓곤 하는데, 친구의 아내는 무조건 '제수(弟嫂)'로 칭하려는 세태를 보면 안타까운 마음이 든다. 이런 식의 호칭은 일본 군국주의적 사고방식의 잔재에서 나온 민망한 현상으로, 지양하는 것이 좋겠다.

이 작품의 오른편 아래에는 당대의 실력자 창랑 장택상(滄浪 張澤相 1893~1969)과 초대 내무부 장관을 지낸 동산 윤치영(東山 尹致映 1898~1996)의 소장인(所藏印)이 찍혀 있다. 정황상 이 작품은 윤치영을 거쳐 당대 미술품 수장가로 이름이 높았던 장택상의 손으로 들어간 것으로 여겨진다.

윤치영과 장택상의 소장인

　이 작품은 1934년 6월 22일부터 30일까지 9일간 개최되었던 동아일보사 학예부 주최 '조선중국명작고서화전람회'에 장택상의 소장품으로 출품되었다. 그리고 1934년 6월 22일자 동아일보에는 그의 다른 소장품과 함께 기록되어 있다. 장택상이 소장했던 고서화의 내용을 지금 정확히 알 수는 없지만 이 목록을 통해 그가 소장했던 명품들의 대강을 짐작할 수 있다.

장택상의 할아버지 장석룡(張錫龍)은 이조판서를 지냈다. 그리고 그의 아버지 장승원(張承遠)은 경상북도 관찰사를 역임한 구한말의 대표적인 탐관오리로, 한일합방 후 한강 이남의 제일가는 친일 대부호가 되어 부귀영화를 누리다가 대한광복회 단원들에게 피살되었다. 장택상은 그의 아버지와 두 형, 길상(吉相)·직상(稷相)이 물불을 가리지 않고 축적한 엄청난 재산을 기반으로 일본 와세다대학, 영국의 에든버러대학을 다녔으며, 광복 후 수도경찰청장, 장관, 국무총리 등의 권좌를 거치면서 무소불위의 권력과 자금력을 동원하여 고미술품을 모았다.

현재 이화여자대학교에 소장된 국보 제93호 '백자철화포도문호(白瓷鐵畵葡萄紋壺)'는 그가 권력을 악용하여 중간상인에게 강탈하다시피 빼앗아 소장했던 대표적 사례로 손꼽힌다. 이 일로 가산을 다 잃고 고문으로 건강마저 해치게 된 중간상인은 자살로 생을 마감했다.

그렇게 막강한 권력을 행사했던 장택상도 결국 이승만과 맞서게 된 말년의 정치 행보로 그의 수장품들이 모두 뿔뿔이 흩어지는 비운을 맞았다. 이것이 바로 인과응보라고나 할까?

이 작품과 함께 동일한 경로로 입수된 추사의 작은 시고 한 쪽은 젊은 시절 추사가 옹방강으로부터 얼마나 큰 영향을 받았는지 잘 보여주고 있다.

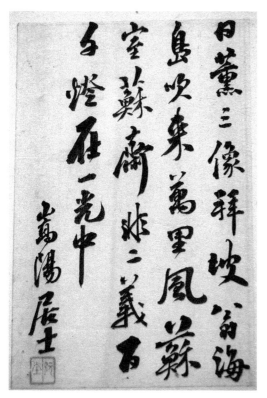

따사로운 햇살 아래 온 세상은 소동파를 경배하고
바다 위 섬으로 아득히 바람이 불어온다.
소실(蘇室)과 소재(蘇齋)가 서로 다르지 않으니
무수한 등불이 이 한 빛 속에 있다네.

숭양거사

日薰三像拜坡翁

海島吹來萬里風

蘇室蘇齋非二義

百千燈在一光中

崇陽居士

　이 시는 추사가 옹수곤으로부터 《천제오운첩》 임모본을 받은 직후에 쓴 것으로 보인다. 소실(蘇室)은 소동파를 일컫는 말이며, 소재(蘇齋)는 소동파를 기리는 마음으로 옹방강이 그의 서실 당호로 삼았던 글로 옹방강을 지칭한다. 여기서 추사는 소동파에서 옹방강으로 이어지는 학예(學藝)에 대한 존경과 흠모를 원 없이 드러내고 있다.

　천(天), 지(地), 인(人), 삼상(三像), 즉 온 세상이 경배하는 소동파와 그가 마음으로부터 존경하고 있는 옹방강을 동일시하면서 '둘이 아니라 똑같은 옳음(義)'이란 표현으로 승화시킨 것이다. 이 표현은 추사의 다른 시 '석범본의 자기대립소상에 화제하다(和題石帆本慈屺戴笠所像)' '유마힐의 둘이 아닌 의를 애써 말하노니(强說維摩非二義)'란 구절에서 또 한 번 발견된다.

　또한 여기에 쓰인 글씨체를 보면 놀라울 정도로 그들과 닮아가려고 노력한 흔적도 발견할 수 있다. 《천제오운첩》의 글씨, '숭양거사(崇陽居士)'의 서체는 이 시고 속의 글씨와 마치 복사한 것처럼 일치하며, 나머지 글씨들도 옹방강의 다른 작품 속 글씨와 거의 똑같다. 추사의 많은 호 중에 '숭양거사'라는 호가 바로 여기에서 유래되었음을 짐작하는 것 또한 어렵지 않다. 여기에 소개한 두 작품은 연경을 다녀온 이후 추사의 20대 글씨가 어디에서 비롯되었는지 극명하게 밝혀주고 있다.

다산과 추사, 승승장구하다

정조 임금 장학생, 다산

1790년 정조 14년 29세부터 1800년 정조가 승하하던 39세 때까지 다산은 주요 보직을 역임하며 조정의 중요한 공직을 두루 거쳤다. 사간원 정언, 사헌부 지평, 홍문관 수찬, 성균관 직강, 홍문관 교리, 사간원 사간, 동부승지, 병조참의, 병조참지, 우부승지, 좌부승지, 곡산부사 등의 관직을 역임했다. 곡산부사 재임 시 《마과회통(麻科會通)》 12권을 완성한 것은 특기할 만한 일이다.

다산은 1792년(31세)에 〈기중가도설(起重架圖說)〉을 작성하여 기중가(起重架)를 제작하게 함으로써 실학자의 면모를 유감없이 발휘했다. 그는 정조 임금에게 받은 《도서집성(圖書集成)》과 《기기도설(奇器圖說)》을 연구하여 무거운 물건을 들어올릴 수 있는 기계장치를 고안해

냈다. 《도서집성》은 청나라 강희제 때 만든 백과사전이고, 《기기도설》은 스위스 출신의 선교사·과학자인 요하네스 테렌츠가 지은 책으로 물리학의 원리와 도르래를 이용해 무거운 것을 들어올리는 각종 기계 장치에 관한 책이다. 다산은 이 두 권의 책을 읽고 기중가도설(起重架圖說 : 기중기 설계도)을 만든 것이었다. 기중기를 비롯한 활차(滑車)와 고륜(鼓輪) 등을 써서 작은 힘으로 크고 무거운 물건을 운반할 수 있게 하여 비용을 4만 냥 이상 절약할 수 있었다.

다산은 이미 문신 시험에 수석 5회, 수석에 비교된 결과가 8회일 정도로 학문에 뛰어나 정조의 사랑을 받았으니, 그 시절 천재라는 평을 얻은 것은 조금도 지나치지 않은 평가였다.

다산의 출사를 보면 역시 조선의 천재라는 별명에 어울리는 탁월한 학문 수학의 능력을 보이고 있다.

다산은 매우 이른 나이인 27세까지 생원시와 정시에 합격하여 그의 실력을 세상에 알렸다. 다음에 나오는 다산의 연보를 보면 반제에 수석 합격했다는 말이 있는데, 반제는 성균관 및 한양의 중앙과 동·서·남에 세운 중학(中學)·동학(東學)·서학(西學)·남학(南學), 즉 사학(四學)의 유생들을 위해 임금이 특지로 베푸는 과거 시험을 말한다. 그런 시험에서 수석을 한 것이다.

그의 출사 경력에서 유독 눈길을 끄는 부분은 28세 때 받은 초계문신 임명이다. 초계문신(抄啓文臣)이란 정조 즉위 후 37세 이하의 젊은 문신들을 재교육함으로써 인재를 양성하는 제도이다. 이는 정조 자신의 친위세력을 배출할 목적으로 선발한 인재 교육 프로그램이었다.

다산 정약용 전성기 연보.

1783년(정조 7년, 22세)   2월 증광감시(增廣監試)에서 형 약전과 함께 초시(初試)에 합격하고, 4월 회시(會試)에서 생원으로 합격. 큰아들 학연(學淵) 출생.

1784년(정조 8년, 23세)   정시(庭試)의 초시에 합격.
이해 4월 이벽을 따라 두미협(斗尾峽)*으로 배를 타고 내려가다 처음으로 서교(西教)에 대하여 듣고 책 한 권을 보았다('자찬묘지명'에 기록됨).

1785년(정조 9년, 24세)   초시에 수석으로 합격.

1788년(정조 12년, 27세)   반제에 수석 합격.

1789년(정조 13년, 28세)   초계문신(抄啓文臣)에 임명.

1800년(정조 24년, 39세)   정조의 승하로 여유당으로 귀향.

* 팔당댐에서 경기도 하남시를 거쳐 서울 쪽으로 흐르는 한강(漢江)의 일부분으로 백제 때부터 전해 내려온 도미나루 전설에서 이름이 유래한 것으로 알려져 있다. 하남시 검단산과 남양주시 예봉산 사이의 좁은 협곡을 흐르는 강이라 하여 두미협(斗尾峽)이라고도 불렀다.

그런데 다산은 젊은 문신들 중에서도 더 젊은 28세의 나이에 초계문신에 들어 정조의 사랑을 독차지하였다. 다산에 대한 정조의 지나친 사랑이 노론의 미움을 사게 되는 원인이 되기도 하였다.

정조는 재위 19년 되던 해 2월 17일 다산에게 병조참의를 제수했다. 병조참의는 조선시대 병조(兵曹)에 딸린 정삼품(正三品) 당상관(堂上官)이다. 위로 판서(正二品), 참판(從二品)이 있고, 그 다음이니 병조의 3인자 자리였다. 이는 다음 달 윤2월에 화성 행차 시에 왕실 호위를 맡기기 위해서였다.

화성 출발 전일, 숙직하던 정약용은 부채바람이라는 뜻의 '선화'라는 군호를 지어 정조에게 올렸다. 정조는 이때 정약용을 꾸짖고 98번이나 군호를 퇴짜 놓은 후 99번째 올린 '만세'라는 군호를 재가해주었다. 그러면서 새벽 성문 열기 전까지 칠언배율로 100운의 시를 지어 올리라는 과중한 숙제를 내주었다. 그때 정약용은 이를 완성하였는데 정조가 크게 기뻐하고 큰 사슴가죽 한 장을 하사하였다.

정조는 그가 남인 출신이라서가 아니라 탁월한 실력 때문에 뽑았음을 입증하여 노론 벽파의 의심을 제거해버렸다. 정조는 이후에도 다산을 엄하게 혹은 따뜻하게 대하면서 그의 실력을 인정했다. 우부승지로 임명하였으며 왕실이 참여하는 내전(內殿) 잔치에 정약용을 불러줄 정도로 그를 아꼈다.

1800년 정조가 승하하고 '여유당(與猶堂)'으로 귀향할 때 다산은 모든 것을 내려놓을 작정이었다. 다산에게 있어 정조 임금은 자신을 인정해주고 사랑해주는 든든한 후견인이었다. 그런 후견인이 세상을 떠

다산의 생가 주변에는 지금도 풍광이 뛰어난 곳이 많다. 북한강과 남한강, 즉 두 물(兩水)이 만나는 두물머리의 아침. 필자 촬영

나자 다산은 절망하였다.

　다산이 태어난 곳이자 죽어서는 몸을 누인 곳인 광주군 초부면 마현리(현재 남양주시 조안면 능내리)는 팔당댐에서 능내로 들어가는 옛길을 따라 표지판이 안내하는 대로 걷다 보면 만날 수 있는 곳이다. 그곳에 마당이 넓은 정약용의 생가가 자리 잡고 있다. 그가 살던 당시에는 팔당호가 없었지만 아늑하고 조용하여 독서하기에 좋은 곳으로 다산은 이곳에 '여유당(與猶堂)'이라는 현판을 걸었다. 여유당은 노자의 《도덕경》에서 따온 것으로, "겨울에는 개울을 건너듯 조심하고(與兮若冬涉川) 신중하기를 사방의 이웃을 두려워하듯 하라(猶兮若畏四隣)"는 뜻이다.

일찍부터 권력의 중심에 선 추사

추사와 로열패밀리

다음에 서술한 인물들은 추사와 특별한 관계로 추사와 인연을 맺었던 인사들이다.

　특히 자하 신위(申緯 1769~1845)는 추사와 막역하게 지낸 20년 연상의 선배로 19세기 시단(詩壇)에서 가장 큰 영향력을 발휘한 인물이다. 그는 이조 · 병조 · 호조참판을 지낸 관료이면서 시 · 서 · 화(詩 · 書 · 畵)의 삼절(三絶)로 추사에게 많은 영향을 끼쳤다.

　운석 조인영(趙寅永 1782~1850)의 경우는 신정왕후의 숙부로, 호조 · 형조판서 · 우의정 · 영의정을 지냈으며 추사와 각별한 사이였고 진흥

추사 김정희 전성기 연보

1809년(순조 9년, 24세)	생원시 장원.
	동지겸사은사부사 김노경의 자제군관(子弟軍官)으로 연행(燕行).
1810년(순조 10년, 25세)	옹방강(78세), 완원(47세)과 사제의(師弟義)를 맺음.
	주학년(朱鶴年), 옹수곤(翁樹崑), 사학숭(謝學崇) 등과 교분을 맺음.
1815년(순조 15년, 30세)	홍현주, 정학연·학유 형제, 초의 선사 등과 교제함.
	부친 김노경
	1818년~1830년 예조판서, 이조판서, 대사헌, 형조판서, 병조판서, 평안감사 등 역임.
1819년(순조 19년, 34세)	추사 문과 급제.
1823년(순조 23년, 38세)	규장각 대교(待敎)에 오름.
1826년(순조 26년, 41세)	김노경은 판의금부사, 추사는 충청우도 암행어사.
1827년(순조 27년, 42세)	예조참의에 임명(10월 4일).
	부친 김노경
	1830년~1833년 윤상도(尹尙度) 옥사(獄事)에 연루되어 고금도(古今島)로 유배됨.
	1835년 판의금부사 역임.
	1837년 별세(향년 73세).

왕순수비를 추사와 함께 판독하여 68자의 글씨를 세상에 알린 인물이기도 하다. 그의 집안인 풍양 조씨 가문은 당대 최고 권력의 실세였다. 그중에서도 조인영은 학문적 성과와 함께 금석학의 대가로 문장과 글씨, 그림에 모두 능했기에 추사와 깊은 우정을 나눌 수 있었다. 그는 1847년 왕명으로 국조보감찬집청(國朝寶鑑纂輯廳)의 총재가 되어 정조·순조의 두 왕 및 문조(文祖 : 翼宗) 대리청정 때의 보감을 편찬했으니 추사의 든든한 후원 세력이었다.

이재 권돈인(權敦仁 1783~1859)은 우의정, 좌의정, 영의정을 지낸 최고위급 관료 출신으로 추사보다 세 살 위이면서도 우정과 예술을 짙게 나눈 절친한 사이였다. 권돈인이 남긴 또 하나의 〈세한도〉 제목 왼쪽에 찍혀 있는 인장 '장무상망(長毋相忘 : 서로 오래 잊지 말자)'이라는 글귀를 보면 그들의 우정이 남달랐다는 것을 짐작할 수 있다.

황산 김유근(金逌根 1785~1840)은 순조 비 순원왕후의 오빠로 병조판서, 판돈령 부사를 지냈으니 이 또한 추사의 든든한 후원자였다.

조인영과 권돈인, 김유근이야말로 추사의 금란지교(金蘭之交)라 할 것이다.

여기에 해거재 홍현주(洪顯周 1793~1865)를 꼽지 않을 수 없다. 우의정 홍석주(洪奭周)의 아우로 정조의 둘째 딸 숙선옹주(淑善翁主)와 혼인하여 영명위(永明尉)에 봉해졌다. 1815년(순조 15년) 지돈녕부사가 되었으며 문장에 뛰어나 당대에 명성을 떨쳤다.

추사와 초의선사의 만남

추사는 다산과 직접적인 인연을 맺지는 않았다. 하지만 다산의 아들 정학연·학유와는 인연이 깊었다. 학연·학유는 아버지 다산의 유배지를 왕래하면서 초의 의순(草衣 意恂 1786~1866)과 만나게 되었고, 추사에게 그와 동갑내기인 초의를 소개하여 서로 만나게 되었다고 전한다.

그리고 초의가 1861년에 쓴《해붕대사영정첩(海鵬大師影幀帖)》의 발문에는 이들이 1815년 겨울 수락산의 학림암(鶴林庵)에서 처음 만난 것으로 되어 있다.

> "지난 1815년 해붕 노화상을 모시고 수락산의 학림암에서 수행을 하고 있을 때, 하루는 추사가 눈길을 헤치고 찾아와 노스님과 더불어 '공각(空覺)의 능소생(能所生)'에 대해 깊이 토론했다. 하룻밤을 보내고 돌아갈 때 노스님께서 한 가지 게송을 써주셨다.
> 이 글에는 '그대는 집을 좇아 밖을 다니고 나는 집 안에 앉아 있네. 집 밖에 있는 것은 무엇인가. 집 안에는 애초에 불이 없다네'라고 쓰여 있었다. 노스님이 거듭하여 전해주신 등불 같은 가르침은 생각해볼 만하다."

昔在乙酉 陪老和尙 結臘於水落山鶴林菴 一日阮堂披雪委訪 與老師大論空覺能所生 經宿臨歸 書壹偈於老師 行軸曰君從宅外行 我向宅中坐 宅外何所有 宅中元無火 可想也和尙再傳之燈

그러나 고서 전문회사 화봉문고가 소장하고 있는 편지를 보면 좀 다르다. 추사에게 초의가 보낸 1815년 10월 27일자 편지에서 추사와 헤어지고 난 뒤 그동안 운길산 수종사를 다녀왔다고 쓴 것이다. 이 사실로 미루어보면, 그 이전에 이미 두 사람 사이에 교류가 있었다는 것을 짐작하기란 그리 어렵지 않다.

초의는 다산이 혜장(惠藏 1772~1811)의 주선으로 1805년 겨울부터 고성사(高聲寺) 보은산방(寶恩山房)에 기거할 때 가르침을 받으며 다산의 아들과 교류를 하고 있었으므로 다산 아들의 소개로 추사와 미리 만났다고 봐도 큰 무리가 없을 것이다.

두 사람이 어떻게 만나게 되었든 추사는 1815년 30세의 나이에 초의를 만나 평생에 걸친 두터운 우정을 맺게 되었다.

2부

유
배

1장

유배의 정석

몰락의 시작인가 또 다른 도전인가

유배는 무거운 죄를 지었을 때 먼 곳으로 귀양을 보내는 형벌로, 정배 (定配), 부처(付處), 안치(安置)라고도 불린다. 유배지에는 가족의 일부 또는 모두가 따라가기도 하지만, 유배지의 생활은 자급자족이 원칙이 어서 기약 없는 유배를 떠난 당사자와 가족은 가문이 몰락하는 참담 함과 더불어 극심한 경제적 어려움까지 겪기도 했다.

그러나 유배를 떠난 뒤 오래지 않아 정계 복귀가 예상되는 사람이 거나 세도가인 경우에는 현지의 수령이나 친인척으로부터 경제적인 지원과 대접을 받을 수도 있었다. 하지만 익숙한 일상에서 쫓겨나 낯 선 곳으로 버려진 데서 오는 상실감과 고독은 유배인에게 그 무엇보 다도 괴로운 일이었다. 더구나 유형은 원래 종신이 원칙이었으며, 정책과 정권의 변화에 의해 유배지가 옮겨지기도 하고 죄가 감등되거나 가중되는 등 예측이 어려운 변수가 작용할 수도 있어 유배인의 심적 고통은 이루 말로 다할 수 없었다.

이렇게 유배는 매우 고통스러운 벌이었지만 그 가운데에서도 굳이 다른 의미를 찾자면, 자신과 가문의 입신양명을 위해 뒤돌아볼 틈 없이 살아온 지식인에게 안식을 제공하는 긍정적인 효과도 있었다.

"어떤 사람이 자기 그림자가 두렵고 자기 발자국이 싫어서 달아나려 했으나, 발을 움직일수록 발자국은 더욱 많아졌고, 아무리 뛰어도 그림자는 그의 몸을 떠나지 않자 아직 더디다고 여기고, 쉬지 않고 질주하다가 죽고 말았으니, 그늘 속에서 쉬면 그림자가 사라지고, 고요히 있으면 발자국이 생기지 않는다는 것을 알지 못한 것이다."

人有畏影惡迹 而去之走者 擧足愈數 而迹愈多 走愈疾 而影不離身 自以爲尙遲 疾走不休 絶力而死 不知處陰以休影 處靜以息迹

장자(莊子)는 "마음을 괴롭히고 몸을 지치게 하여 자신의 참모습이 위태로울 때(苦心勞形以危其眞)"면 물러서서 그림자를 쉬게 하고 발자국을 멈추게 하는 지혜가 필요하다고 말하고 있다.

인조반정으로 왕위에서 쫓겨나 제주에서 유배 생활을 한 광해군은 갖은 홀대와 참기 힘든 수모를 겪어가면서도 67세까지 살았다. 사사

된 단종을 제외하고도 평균수명이 48세에 불과한 조선 임금 중에서 광해군은 세 번째로 장수한 왕으로 기록되었다.

실제로 유배 생활을 한 사람들 중에는 장수한 사람이 많다. 일생을 거의 유배지에서 보낸 다산의 외가 선대 할아버지인 고산 윤선도(孤山 尹善道 1587~1671)는 84세까지 살았고, 우암 송시열(尤菴 宋時烈 1607~1689)은 7년가량 유배 생활을 했지만 83세까지 살다가 유배가 풀려 제주도에서 서울로 돌아가던 중 정읍에서 사약을 받고 세상을 떠났다. 추사가 그렇게도 비난했던 원교 이광사(員嶠 또는 圓嶠, 圓喬 李 匡師 1705~1777)도 23년간의 유배 생활 끝에 72세의 나이로 유배지에서 생을 마감하였으니 당시로서는 장수를 누렸다고 할 수 있다. 참고로 그의 큰아들 이긍익(李肯翊 1736~1806)은 70세, 둘째 이영익(李令翊 1740~1780)은 40세까지 살았다.

다산의 아버지 정재원은 63세로 별세했고, 모친은 다산이 9세 때 돌아가셨으므로 다산이 장수 유전자를 물려받은 것이 아닌 건 확실하다. 그는 중년에 시작된 18년간의 유배를 마친 후 고향에 돌아와서 18년을 더 살다가, 75세에 맞은 회혼일(回婚日)에 친척과 제자들이 모두 모인 가운데 숨을 거두었다.

추사의 가계를 보면 추사의 증조부인 월성위 김한신은 38세, 할아버지 김이주는 67세까지 살았다. 그러나 유배를 겪은 아버지 김노경이 71세, 추사가 70세까지 살았으니 유배를 당한 이들이 더 오래 살았던 것이다. 별다른 풍상을 겪지 않고 비교적 순탄하게 살아온 동생 명희(命喜 1788~1857), 상희(相喜 1794~1861)보다 추사가 더 오래 살았으니, 추사에게 유배 기간은 생각하기에 따라 안식년이었을지도 모른다.

유배가 오히려 수명 연장에 도움이 되는 것은, 관직 생활의 긴장과 정치권력의 부침 속에서 맞닥뜨리게 되는 스트레스에서 벗어나 맑은 공기와 소박한 음식, 그리고 적당한 노동에서 나오는 운동 효과 때문인 것으로 생각된다. 그러나 무엇보다도 마음짐을 내려놓으면서 얻게 되는 심신의 화평이 중요한 요인으로 작용한 것 같다.

또한 유배는 벼슬에서 물러나 자신의 삶과 인생을 돌아보는 여유를 갖게 하는데, 다산과 추사의 경우 문학과 예술을 꽃피우고 사상과 철학을 완성하는 계기로 작용했다. 천재 다산에게 유배는《경세유표》,《목민심서》,《흠흠신서》로 대표되는 일표이서(一表二書)의 경세사상을 완성한 세월이었고, 또 한 사람의 천재인 추사에게는 소위 '추사체'라는 조선서예의 혁신적 문자 구조를 완성시킨 기간이었다.

유배의 롤모델 소동파

동파 소식(東坡 蘇軾 1037~1101)은 조선의 지식인뿐 아니라 많은 유배인이 존경하여 따르고자 한 롤모델이었다. 추사가 스승으로 섬긴 청나라의 지식인 옹방강은 소동파를 흠모하여 평생 제사를 지냈다. 그 영향으로 추사는 제주도에 유배된 자신의 처지를 은근히 소동파의 해남도 유배 생활과 동일시하면서 이를 반영한 작품을 남겼다.

중국 북송 시대의 시인이자 학자이며 정치가인 소동파는 급진적인 개혁을 추진하던 왕안석(王安石)과 정치적으로 대립하면서 4년간 황주(黃州)에서 유배 생활을 하였다. 그런 뒤 잠시 관직에 복귀하였다가 다시 혜주에서 3년, 하이난 섬(海南島 : 儋州)에서 7년 동안 귀양살이를 하고 돌아오던 도중에 세상을 떠났다.

그가 60대의 노구를 이끌고 유배 생활을 한 하이난 섬은 중국 최남단의 섬으로 당시 중국의 유배지 중에서는 오지 중의 오지로 손꼽혔다. 소동파는 이곳에서 끼니조차 이을 수 없을 정도로 힘든 생활을 했다. 소동파는 자신의 유배 생활에 대해 시 〈자제금산화상(自題金山畵像)〉에서 이렇게 풀어놓았다.

"평생의 공적이 무엇인가 묻는다면 황주, 혜주, 담주라 답하리라."

問汝平生功業 黃州惠州儋州

심지어 그는 그렇게 참담한 노년을 보냈던 하이난 섬에 대해서도, '하이난 섬 만 리 길이 내 참 고향이네(海南萬里眞吾鄕)'라는 시구로 미화하고 있다.

그는 유배 기간 내내 잠시도 손에서 책을 놓지 않았다. 현지인들과 대화를 나누고 병을 고쳐주는 소소한 일로 일상을 채웠으며, 마치 그곳 사람인 것처럼 생활하려고 애썼다. 그렇게 그들과 함께 먹고 마시

阮堂先生浚天一笠像

許小痴筆

小琅嬛室弄

生平許得見公像是不數十本韻
賴此顯示種:以相互妄催學
千載之下真郭不可挽出夫全精
玉潤之氣久人氣經術之姿大龍不相
遠如臺我聞龍世音人千億化身各俱
清淨寶相與日月常鮮使人起此顧惆
丹光莙醒

蘇長公笠展像

(좌) 〈완당선생 해천일립도(阮堂先生海天一
笠圖)〉, 소치 허련 그림, 아모레퍼시픽미술관
소장
(우) 〈동파입극도(東坡笠展圖)〉, 우봉 조희룡
의 글 · 그림. 간송미술문화재단 소장

면서 유배의 고독과 아픔을 씻어나갔다. '동파육'*을 위시한 다양한 음식의 요리법도 바로 그의 현지 적응 노력과 현지인들과 이룬 조화가 빚어낸 산물이었다.

그는 〈적벽부(赤壁賦)〉*에서 이렇게 노래했다.

넓고 아득하여라. 허공에 기대고 바람을 올라타면 그 머무를 곳을 알지 못하는 듯하고

훨훨 날아라. 세상을 잊어버리고 홀로 서니 날개가 돋아 신선이 되어 오르는 듯하구나.

浩浩乎 如憑虛御風 而不知其所止

飄飄乎 如遺世獨立 羽化而登仙

소동파는 유배라는 험난한 여정을 세속의 얽매임으로부터 벗어나 신선처럼 살아가려는 꿈으로 승화시키려고 한 것이다.

무엇보다도 〈적벽부〉와 같은 천하의 명문장들은 대부분 바로 이러한 유배지에서 탄생되었던 것이다.

추사 김정희는 바다 건너 유배를 떠나면서 소동파의 유배를 오마주 (hommage)한다는 생각을 했다. 그래서 소치 허련(小癡 許鍊)을 시켜 소

● 통째로 조리한 삼겹살에 간장 등을 부어 조려낸 중국 대표 음식 중 하나로 소동파가 개발한 것으로 알려져 있다.

● 필화(筆禍) 사건으로 죄를 얻어 황저우(黃州 : 湖北省)에 유배되었던 소동파가 1082년 7월 16일에 황저우성 밖의 적벽에서 놀다가 지은 것이다.

동파가 하이난 섬으로 유배 가는 모습을 담은 〈소동파 입극도〉를 그리게 하고, 아울러 그의 제주 유배 모습을 투영시켜 그리게 했다.

그러나 소동파의 유배를 닮고 싶었던 추사의 유배는 우리나라 최남단 섬으로 간 유배라는 점만 빼면 소동파의 그것과는 판이하게 다른 성격을 띠고 있다. 그보다는 도연명(陶淵明 陶潛 365~427)의 전원생활을 동경했던 다산의 유배가 오히려 소동파의 유배 생활과 흡사했다고 볼 수 있다. 이는 아마도 두 사람의 출생과 인간관계, 그리고 교육과 성장 과정의 극단적인 차이에서 비롯된 듯하다.

2장

다산과 추사, 유배를 떠나다

가문의 몰락, 그리고 18년의 긴 유배 생활

정조의 사망과 암흑시대의 서막

1800년 6월 28일, 개혁 군주 정조가 갑작스럽게 세상을 떠났다.

뛰어난 학문과 통찰력으로 추진한 정조의 왕권강화 정책과 탕평책은, 채제공(蔡濟恭)이 물러나고 심환지(沈煥之)를 중심으로 한 노론 벽파 정권이 수립되면서 심각한 정치적 위기를 맞고 있었다. 마침내 정조는 정치적 결단을 내려 1800년 5월 말일에 소위 '오회연교(五晦筵敎)'●를 발표하게 된다. 이것으로 그의 통치 원칙을 밝히면서, 사도세자를 자신의 아버지로 인정하려는 행동을 취하지 않기로 한 기존의

● 오회연교 : 1800년 5월 그믐날에 정조가 경연석상에서 내린 명령이다. 당파 싸움에 적극 나서던 일부 신료들에게 군주가 천명하는 의리에 적극 협조하라는 당부였다.

'임오의리(壬午義理)'를 수정하여 사도세자의 죽음을 억울한 죽음으로 규정하였다.

정국은 급격히 냉각되어갔고 노론 벽파는 벼랑 끝으로 내몰리고 있었다. 그러나 이로부터 한 달이 지나기도 전에 정조는 세상을 떠나고 말았다. 정조의 나이 불과 49세였고 왕위에 오른 지 24년이 되던 해의 일이었다.

정조가 죽자 정조의 아들 순조가 11세의 어린 나이로 왕위에 오르고 정순왕후의 수렴청정이 시작되었다. 정순왕후와 노론 벽파는 그들과 정치적 입장을 달리하는 남인들은 물론 정국 운영에 방해가 된다고 판단되는 인물들을 대거 축출하기 시작했다. 특히 정조와 정치적 동반자였던 남인들 중 상당수가 서교(西敎)에 직간접으로 연관되어 있었으므로 정순왕후의 서교 탄압은 서학(西學)에 대한 탄압임과 동시에 이가환, 정약용 등을 겨냥한 남인을 제거하기 위한 작업이기도 했다.

1801년 2월, 정약용의 형 정약종이 하인을 시켜 천주교 서적과 일기 및 주문모 신부의 서한 등을 농짝에 넣어 옮기려다 체포되었다. 이것이 이른바 '책롱사건(册籠事件)'으로 정약종은 혹독한 고문을 당하고 아들 철상과 함께 서소문 밖 형장터에서 순교했다.

이어 권철신·이가환·정약용·정약전·이승훈 등 핵심 인물들이 대거 검거되었다. 그들에게 심한 국문이 이루어지면서 이가환, 권철신 등은 고문 끝에 세상을 떠났고, 정약전, 정약용 형제는 각각 신지도와 장기현으로 유배를 떠났다. 그리고 이러한 종교탄압을 견디다 못해 중국 로마 가톨릭교회 북경교구의 주교에게 신유박해의 참상을

다산의 가계도

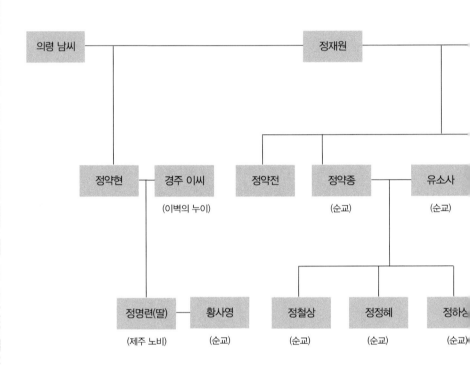

정약종(丁若鍾 1760~1801) : 정약용의 형. 신유박해 때 아들 정철상과 함께 순
　　　　　　　　　　　　교함. 그의 부인 유소사와 자녀 정하상, 정정혜는
　　　　　　　　　　　　1839년 기해박해 때 순교하였다.
이벽(李檗 1754~1785) : 정약현의 처남. 성호학파, 천주교인. 가택연금 중 사망.

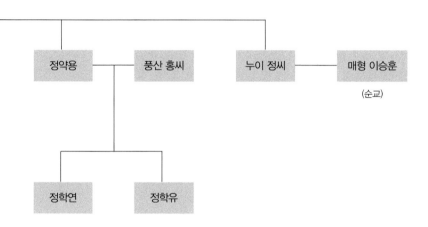

해남 윤씨
(윤두서의 손녀)

정약용 — 풍산 홍씨   누이 정씨 — 매형 이승훈
(순교)

정학연   정학유

이승훈(李承薰 1756~1801) : 정약용의 매형. 한국인 최초의 영세자. 신유박해 때
순교.
황사영(黃嗣永 1775~1801) : 정약현의 사위, 정약종의 제자. '황사영 백서 사건'으
로 순교.

알리고 서양의 무력 개입 등 신앙의 자유를 위한 도움을 요청하려 했던 황사영의 백서(帛書)●가 발각되었다. '황사영 백서사건'이 터지면서 정약전, 정약용 형제는 그해 10월에 다시 투옥되어 국문을 받게 되었다. 그러나 두 사람 다 이 사건에 개입한 정황이 드러나지 않았으므로 목숨만은 건졌다. 11월에 형 정약전은 흑산도(黑山島)로, 정약용은 강진(康津)으로, 다시 만날 기약이 없는 유배길에 올랐다.

율정(栗亭)의 이별

율정●은 전라남도 나주(羅州)의 북쪽에 있는 주막거리이다. 1801년 다산은 강진(康津)으로, 그의 형 손암 정약전은 흑산도(黑山島)로 유배되면서 이곳에서 마지막 이별을 하며 끝없는 슬픔을 시로 남겼다.

　　손암에게 받들어 올리다(奉簡巽菴)

　　이 몸은 율정 주점을 미워하니
　　문 앞 길이 두 갈래로 갈라졌습니다.
　　원래 한 뿌리에서 태어났으나
　　떨어지는 꽃잎처럼 흩날리겠지요.
　　천지를 넓게 본다면

● 백서(帛書) : 비단 위에 쓴 글을 말한다.

● 율정은 율정목을 가리키는 것으로 율정삼거리를 말한다. 나주 노안면 소재지를 지나 노안면 유곡리를 거쳐 광주시 평동과 장성으로 이어지는 길목이다.

일찍이 한 집안 아닌 것이 없지만

생각할 여유도 없이 내 모습만 쳐다보니

슬픈 생각 늘 끝이 없습니다.

生憎栗亭店

門前歧路叉

本是同根生

分飛似落花

曠然覽天地

未嘗非一家

促促視形軀

惻怛常無涯

    다산과 손암은 여기서 헤어져 각기 다른 삶을 살았지만, 유배지에서 새로운 지식의 세계를 펼쳐 후세 사람들에게 유배의 정의를 다시 한 번 생각하게 했다는 점에서는 같은 길을 걸었다고 할 수 있다. 다산은 유배 생활 중 많은 작품을 남겼는데, 손암 또한 유배 생활을 하면서 유배지였던 흑산도 근해 수산동식물 155종에 대하여 실제 조사를 토대로 명칭·분포·형태·습성 및 이용 등에 관한 사실을 묶어 《자산어보》라는 책으로 남겼다. 바다 건너 가까운 거리에 유배되었지만 만나지 못하는 동생 다산을 그리워하던 손암의 쓸쓸함이 귀중한 학문적 결과물로 탄생했다.

다산은 절해고도 흑산도에 떨어져 있는 형 약전에 대한 그리움과
안타까움을 이렇게 시로 표현하였다.

깊은 슬픔은 뼈에 사무치고

이별도 작은 근심이라네.

뜬구름은 늘 정처 없이 떠도는데

날아가는 새들은 무엇을 찾아가는가.

번뇌*는 나를 몰아가고

해와 달은 급하게 흘러만 가네.*

근심 없이 풍성한 풀을 씹는

저 숲 속의 소가 부럽기만 하네.

북풍은 나를 몰고 와

가고 가다 바다를 만나 멎었는데

우리 형은 더 매서운 바람을 만나

검푸른 바다 속으로 들어갔네.

두고 온 아내는 과부가 되고

헤어진 아이는 고아가 됐네.

그는 바닷길로 들어가면서

드넓은 마음으로 스스로 기뻐하는 듯하였네.

호걸의 기풍 가슴속에 품어

● 번뇌 : 원문의 독룡(毒龍)은 독기를 품은 용이라는 뜻으로 번뇌(煩惱)를 비유적으로 이르는 말이다.
● 급하게…… : 원문의 단류(湍流)는 물살이 급하게 흐르는 강물이나 냇물을 일컫는다.

백 번 짓밟혀도 백 번을 일어났구나.

해와 달이 방 안을 비추는데

지극한 공의(公義). 아, 하늘의 이치이어라.

어디서 왔는가. 하루 두 그릇의 밥이여

문득 다가와 이내 몸을 봉양하네.

황제가 비록 큰 부자라지만

그도 이렇게 살 뿐이라네.

적현은 본래 절해고도(絶海孤島)

짧은 시야로 그 끝닿은 곳 볼 수는 없네.

훌륭한 가문이 완전히 무너지는 데

겨우 오 년이 걸렸구나.

深悲鑠骨髓

離別亦小憂

浮雲常搖颺

征鳥將何求

毒龍驅我去

雙丸如湍流

無愁齕豐草

羨彼林中牛

北風驅我來

行行遇海止

我兄風力猛

乃入滄溟裏

留妻作寡婦

別兒爲孤子

方其入海時

曠然若自喜

傑氣在胸中

百壓猶百起

日月照房屋

至公嗟天理

何來兩盂飯

欿然來養己

皇帝雖巨富

如斯而已矣

　赤縣本絕島

目短迷涯涘

豪門盡顚覆

其間僅五祀

도연명에서 소동파로

서울에서 벼슬살이를 하던 다산의 꿈은 고향인 마재마을로 돌아가
술과 자연을 벗하여 시를 읊으며 사는 것이었다. 그는 도연명의 시를

읽고 쓰면서, 마치 도연명처럼 고향으로 '귀거래(歸去來)'할 날을 꿈꾸었다.

다산은 종이 윗면이 금박·은박으로 칠해져 있는 고급 냉금선지(冷金宣紙) 위에 자신의 마음을 담아 도연명의 시 몇 폭을 옮겨 썼다. 그러나 이 작품은 아깝게도 다산의 여느 작품들처럼 을축년 대홍수 때 수해로 훼손된 것으로 보인다.

몇 장의 글씨가 크게 손상을 입었으나, 다산의 도장 2과가 선명하게 살아 있어 그나마 다행이다. 이 작품은 다산의 수려한 행초서를 볼 수 있는 보기 드문 소중한 자료이다. 그중에서 두 장을 옮겨 풀이했다.

오랜 친구 나의 풍류 좋아하여
술병을 들고 찾아왔네.
풀 뜯어 자리 삼고 소나무 아래 앉아
몇 잔 기울이니 벌써 다시 취했구나.
어르신들 횡설수설 마구 얘기하면
술잔도 순서를 잃고 돌아가네.
나의 존재조차 깨닫지 못하면서
외물이 귀한 줄 어찌 알리오.
아득히 마음 둘 곳 모르지만
술 속에는 깊은 맛이 있으리라.

故人賞我趣

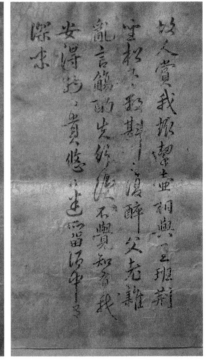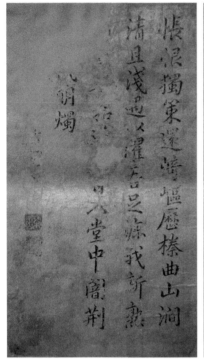

다산이 냉금선지에 쓴 도연명의 시 중 2폭, 동혼재 소장

挈壺相與至

班荊坐松下

數斟已復醉

父老雜亂言

觴酌失行次

不覺知有我

安知物爲貴

悠悠迷所留

酒中有深味

시름에 겨워 홀로 지팡이 짚고 돌아서

험한 길 가시덤불 헤치고 지나왔네.

산골짜기 흐르는 물 맑고도 얕아

내 발을 씻을 만하여라.

갓 익은 내 집 술을 걸러

닭 한 마리 잡아 이웃을 불렀고.

해 지고 방 안 어두워

횃불로 촛불 대신 밝혔네.

즐거운 이야기에 짧은 밤은 아쉽기만 한데

어느덧 다시 동이 트는구나.

悵恨獨策還

崎嶇歷榛曲

山澗清且淺

遇以濯我足

漉我新熟酒

隻鷄招近局

日入室中闇

荊薪代明燭

歡來苦夕短

已復至天旭

그의 몸은 비록 서울의 남산자락에 있었지만, 마음은 늘 고향땅 종산(鐘山 : 운길산) 아래를 흐르는 두물머리 초수(苕水) 물가에 두고 도연명의 시를 읊조리며 그리워하고 있었던 것이다.

〈봄날 체천에서 지은 잡시(春日棣泉雜詩)〉의 일부분

소수 종산 흥겨움은 아득하기만 하니

서글픔에 잠겨 돌아가는 배 몇 번이나 보냈던가.

고향 옛 동산 생각이 날 때마다

도연명의 시 한두 편 한가로이 읊었네.

苕水鐘山興杳然

幾廻怊悵送歸船

每逢憶念丘園日

閒誦陶詩一兩篇

1800년 봄, 대궐 속 참소하고 시기하는 무리에게 염증을 느낀 다산은 처자식을 거느리고 마현(馬峴)의 고향 마을로 돌아갔다. 그러나 며칠이 안 되어 정조의 부름에 못 이겨 서울로 돌아왔다. 그리고 그해 6월 28일, 정조가 승하하자 겨울에 졸곡(卒哭, 삼우제를 지낸 뒤에 곡을 끝낸다는 뜻으로 지내는 제사)을 지낸 뒤 세상 모든 인연을 끊고 고향 초천(苕川)의 별장으로 들어갔다. 그곳에 '여유당(與猶堂)'이라는 편액을 달고 형제들과 더불어 날마다 글을 읽고 풍류를 즐기는 전원생활을 시작했다.

이때의 정취를 담은 시는 도연명의 〈귀거래사〉와 무척 닮아 있다.

〈송풍루에서 지은 잡시(松風樓雜詩)〉의 일부분

도연명의 시를 소리 높여 노래하고
깊은 밤 뜰에 비친 달빛 안고 산책하네.
……
약초 씻는 아이 따라 맑은 시내를 찾고
꽃 가꾸는 머슴 보러 별원(別園)으로 가네.

陶詩朗讀當高歌
夜深徐步中庭月
……
隨兒洗藥臨淸磵
看僕栽花到別園

'황사영 백서 사건'으로 다시 투옥된 다산은 국문을 받고 유배를 떠나면서 이때의 심정을 서술하며 소동파의 시에 화운하는 시, 〈옥중에서 동파의 서대시 운에 화답하다(獄中和東坡西臺詩韻)〉를 남겼다.

"그해 10월 20일 밤에 또다시 체포되어 27일 옥에 갇혔다가 11월 5일 성은(聖恩)으로 감옥을 나와 강진현(康津縣)으로 이배되었다. 형님은 강진에서 흑산도(黑山島)로 옮겨졌다.

옛날 소동파(蘇東坡)가 옥에 갇혀 있을 때 시를 써 자기 아우인 자유(子由)에게 부친 일이 있었는데, 몽수(蒙叟)●도 갇혀 있으면서 소동파의 운에 화답한 일이 있으므로 사정이 서로 비슷하여 공허하고 쓰라린 마음을 느낄 수 있다. 후세 사람들도 나를 더욱 불쌍히 여기지 않겠는가."

是年十月二十日夕 又被逮繫 二十七日入獄 十一月初五日蒙恩出
獄 移配康津縣
仲氏自康津移配黑山島 昔東坡在囚 詩寄子由 蒙叟入獄 亦和蘇韻
事有相類 曠然有感 後之人 尙亦恤余哉

죽을 목숨 살려 하니 소동파 아우●가 부끄럽네.

● 청(淸) 나라 왕신(王宸)을 가리킨 듯하다. 왕신은 '몽수'라는 호 이외에도 퇴관납자(退官衲子) 등 많은 호가 있는데, 특히 시(詩)에 뛰어났다.

● 소철(蘇轍)을 지칭한다. 소철은 어린 시절 공부할 때는 형 소식과 하루도 떨어져 있는 날이 없었으나 벼슬길에 오르고부터 함께 있는 날이 적었다. 그러던 중 '위응물(韋應物)'의 시, "누가 알리오. 비 오고 바람 부는 밤, 또다시 침상을 마주하고 자게 될까나(那知風雨夜 復此對牀眠)"를 읽고서는 서글픈 마음을 이기지 못하고, 일찍 벼슬을 버리고 함께 한가로이 지내는 즐거움을 누리자고 약속한 일을 말한다. 형 약전과 헤어져야 하는 다산의 슬픈 마음을 표현한 것이다.

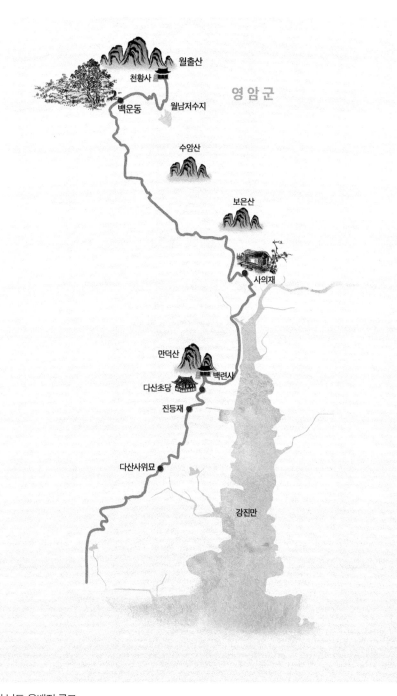

월출산
천황사
백운동
월남저수지
영암군
수암산
보은산
사의재
만덕산
백련사
다산초당
진등재
다산사위묘
강진만

다산의 남도 유배지 근교

贖命空慚蘇氏弟

결국 도연명의 전원생활을 꿈꾸었던 다산의 소망은 어느덧 소동파의 귀양살이로 내닫고 있었다.

권력 다툼의 희생양으로 떠난 두 번의 유배길

경주 김씨와 안동 김씨

추사는 경주 김씨이고 그 대척점에는 안동 김씨의 세도정치 집단이 버티고 있었다. 정조가 승하하고 4년 가까운 수렴청정 끝에 정순왕후가 물러나자, 이번에는 순조 비 순원왕후의 아버지인 김조순이 섭정에 나섰다. 길고 긴 안동 김씨 세도정치의 막이 오르게 된 것이다. 순조의 아들 효명세자의 빈인 풍양 조씨 가문의 협조와 견제 속에 권력을 장악한 안동 김씨는 노론 벽파를 철저히 축출하기 시작하면서 정국을 주도했다.

그러던 중 순조가 중풍에 걸리자 대리청정을 하게 된 효명세자가 김조순 계를 배척하고 자신의 새로운 세력을 육성하면서 왕권을 확립했다. 하지만 그것도 잠시, 효명세자가 3년 만에 갑자기 세상을 떠나게 되면서 정권은 다시 안동 김씨의 수중으로 들어가버렸다. 정치와 제도의 개혁을 주장하던 효명세자는 연암 박지원의 손자 박규수와 각별히 지내면서 조선의 미래를 의논해왔는데, 갑자기 세상을 떠나면서

추사 김정희, 노년기 연보

1838년~1839년
(헌종 4년~5년, 53세~54세)

성균관 대사성, 병조 · 형조 참판 역임.

1840(헌종 6년, 55세)

6월 동지부사에 제수.
7월 10일 윤상도가 올린 흉소(凶疏)의 배후 인물
로 지목되어 벼슬에서 쫓겨남.

1840년~1848년
(헌종 6년~14년, 55세~63세)

제주 대정현에 위리안치.

1842년(헌종 8년, 57세)

부인 예안 이씨의 상을 당함.

1844년(헌종 10년, 59세)

이상적에게 〈세한도〉를 그려줌.

1846년(헌종 12년, 61세)

화암사(華嚴寺) 상량문(上樑文)을 지음. 무량수각
(無量壽閣), 시경루(詩境樓) 등을 씀.

1848년(헌종 14년, 63세)

12월 6일 제주 유배에서 풀려남.

개혁의 바람도 잠잠해져버렸다.

순조를 앞세워 새롭게 친정을 하게 된 김조순 가문은 효명세자의 죽음에 대한 책임과 관련하여 '익종(翼宗)* 4간신'으로 홍기섭, 김노, 이인부, 김노경 등을 규정하고 그들을 탄핵하려는 수순에 들어가게 된다.

이때 안동 김씨 김우명(金遇明)이 뚜렷한 죄목이 없음에도 불구하고 추사의 부친 김노경을 탄핵하면서 순조의 노여움을 샀다. 김우명은 추사가 충청우도 암행어사 시절에 비인현감에서 봉고파직했던 인물이다. 당시 김우명이 삭직 당하자 이번에는 안동 김씨 일파가 벌 떼처럼 일어나 다시 탄핵하게 되면서 김노경은 순조의 비호에도 불구하고 1830년 10월 64세의 나이로 고금도로 유배를 떠났다.

같은 시기에 종6품 부사과 윤상도(尹尙度)는 호조판서 박종훈(朴宗薰), 전 유수 신위(申緯), 어영대장 유상량(柳相亮) 등을 터무니없이 원색적으로 비방하는 상소를 올렸다가 순조의 노여움을 사게 되어 추자도에 정배되었다.

1833년 9월, 3년간의 유배에서 마침내 김노경이 풀려났고 그는 다시 관직에 올라 판의금부사를 지낸 뒤 1837년에 세상을 떠났다.

추사와 전설의 고향

1834년에 순조가 승하하자 당시 8세였던 왕세손이 헌종으로 즉위하

● 효명세자가 죽은 후 헌종이 즉위하면서 익종으로 추존되었다.

면서 순조 비인 순원왕후가 대왕대비가 되어 수렴청정을 시작하게 된다.

1840년 6월, 병조참판을 지내던 추사에게 어처구니없는 일이 일어났다. 10년 전 마무리되었던 윤상도의 옥사가 김우명, 김홍근(金弘根) 등 안동 김씨에 의해 재론되면서 그 배후에 김노경과 김정희가 있었다는 모함이 뒤따랐다. 이는 출세가도를 달리고 있던 김정희와 그의 벗인 당시 우의정 조인영, 형조판서 권돈인에 대한 안동 김씨의 견제가 빚어낸 명백한 정치공작이었다.

이 사건은 윤상도의 배후에 오히려 안동 김씨가 얽혀 있었다는 것이 밝혀지게 될 즈음 서둘러 매듭을 짓게 되면서, 상소 당사자인 윤상도 부자가 능지처참을 당했다. 그리고 그 배후인 안동 김씨 김양순(金陽淳)이 국문 끝에 죽었으며, 전 승지 허성(許晟)이 처형을 당하게 되었다.

이 허무맹랑한 사건 뒤에는 경주 김씨 가문을 대표하면서 추사를 제거하려는 대왕대비 순원왕후의 강력한 의지가 수렴청정의 그늘 속에 도사리고 있었다.

탄핵 대상과 탄핵 주체가 함께 처벌을 받는 묘한 상황이 연출된 이 국문에서 추사는 무려 6차례의 형문(刑問)으로 36대의 신장(訊杖)을 맞아 초주검이 되었다. 그의 오랜 벗인 판돈녕부사 김유근은 순원왕후의 오빠였기에 그를 구해줄 수 있는 위치에 있었지만 그 당시에는 중풍으로 말조차 할 수 없는 상황이었다. 다행히 우의정이었던 또 다른 친구 조인영이 추사를 구해주어 간신히 목숨만 부지한 채 마침내 1840년 9월 제주 유배길에 오르게 된다.

추사가 유배 도중 전라감영에 들러 당시 호남(湖南)의 명필 창암 이삼만(蒼巖 李三晚 1770~1847)을 만나 그의 글씨를 보고 '시골에서 밥은 먹을 만한 글씨'라고 혹평하였다든지, 대둔사에서 초의를 만나 원교 이광사가 쓴 대웅전의 현판 글씨 '대웅보전(大雄寶殿)'를 떼게 하고 스스로 다시 써서 걸게 했다는 전설 같은 이야기도 전해오고 있지만 과연 그랬을까?

상식적으로 보아도, 추사는 6차례에 걸쳐 36대의 신장을 맞아 만신창이가 된 몸으로 위리안치(圍籬安置)라는 중형을 받고, 의금부 도사의 차가운 손에 이끌려 절해고도로 유배를 가는 중이었다. 그런 대역죄인에게 위와 같은 이야기는 앞뒤가 맞지 않으며, 말 그대로 누가 지어냈는지도 모르는 '전설'에 지나지 않는다. 거짓 소문 또는 앞뒤도 재보지 않은 억측이 낳은 우스운 풍문일 따름이다.

1840년(헌종 6년) 윤상도 옥사 중 추사의 형신(刑訊)에 관한 일성록 기사를 옮긴다.

1840년(헌종 6년) 윤상도 옥사 중 추사 형신(刑訊) 일성록 기사

헌종 6년 8월 23일

죄인 김정희, 원정(原情)● 죄인 김양순(金陽淳)을 다시 추국(推鞫)한 후, 죄인 김정희와 죄인 허성(許晟)을 대면시켜 다시 추국함.

죄인 김양순을 다시 추국한 후 한 차례 형문(刑問)●하여 신장(訊杖)● 7대를 치고 정형(停刑)하고, 죄인 허성을 다시 추국한 후 한 차례 형문하여 신장 5대를 치고 정형함.

죄인 김정희는 다시 추국한 후 한 차례 형문하여 신장 5대를 치고 정형함.

○ 罪人金正喜原情罪人金陽淳更推後 與罪人金正喜面質罪人許晟更推

○ 罪人金陽淳更推後 刑問一次 訊杖第七度停刑，罪人許晟更推後 刑問一次 訊杖第五度停刑，罪人金正喜更推後 刑問一次 訊杖第五度停刑．

헌종 6년 8월 24일

죄인 김양순을 다시 추국한 후 한 차례 형문하여 신장 11대를 치고 정형하고, 죄인 김정희는 다시 추국한 후 한 차례 형문하여 신장 7대를 치고 정형함.

○ 罪人金陽淳更推後 刑問一次 訊杖第十一度停刑 罪人金正喜更推後 刑問一次 訊杖第七度停刑

● 원정(原情) : 억울한 사정을 하소연함. 또는 억울한 사정이나 심문받은 죄인이 범죄의 자초지종을 공술한 내용을 말한다.

● 형문(刑問) : 형장으로 때리던 형벌(刑罰)이다.

● 신장(訊杖) : 신장은 자백을 받아내기 위한 목적으로 신체적인 고통을 가하기 위해 제작된 형장(刑杖)이다. 자백을 하지 않는 경우 볼기와 넓적다리를 타격하거나 종종 무릎 아래 장딴지 혹은 발바닥 타격도 시행하였다. 《대명률직해》에는 신장을 치던 중에 우연히 죽게 되더라도 불문에 부친다고 되어 있으며, 《경국대전》의 형전(刑典)에는 서인(庶人)과 도적의 죄를 범한 자를 제외하고는 왕의 윤허를 받도록 함으로써 이의 남용을 막았다고 명기되어 있을 정도로 신체에 가해지는 위해가 심한 징벌도구이다.

헌종 6년 8월 25일

죄인 김양순을 다시 추국한 후 한 차례 형문하여 신장 15대를 치고 정형하고, 죄인 김정희는 다시 추국한 후 한 차례 형문하여 신장 3대를 치고 정형함.

○ 罪人金陽淳更推後 刑問一次 訊杖第十五度停刑. 罪人金正喜更推後 刑問一次 訊杖第三度停刑.

헌종 6년 8월 26일

죄인 김양순을 다시 추국한 후 한 차례 형문하여 신장 7대를 치고 정형하고, 죄인 김정희는 다시 추국함.

죄인 김양순을 다시 추국한 후 한 차례 형문하여 신장 21대를 치고 정형함.

○ 罪人金陽淳更推後 刑問一次 訊杖第七度停刑 罪人金正喜更推

○ 罪人金陽淳更推後 刑問一次 訊杖第二十一度停刑

헌종 6년 8월 29일

죄인 허성을 다시 추국한 후 한 차례 형문하여 신장 3대를 치고 정형하며 그대로 자백을 받음. 죄인 김정희는 다시 추국한 후 한 차례 형문하여 신장 5대를 치고 정형함.

○ 罪人晟更推後 刑問一次 訊杖第三度停刑 仍捧遲晚 罪人金正喜更推後 刑問一次 訊杖第五度停刑.

헌종 6년 8월 30일

죄인 김정희는 다시 추국한 후 한 차례 형문하여 신장 7대를 치고 정형하고, 죄인 허병(許秉)은 형조로 이송함.

○ 罪人金正喜更推後 刑問一次 訊杖第七度停刑 罪人許秉移送秋曹.

헌종 6년 9월 3일

죄인 김정희는 다시 추국한 후 한 차례 형문하여 신장 9대를 치고 정형함.

○ 罪人金正喜更推後 刑問一次 訊杖第九度停刑.

유배지에서 생긴 일

다산과 유배지의 제자들

현지인으로 생활한 다산의 유배

"주민들은 너나없이 벌벌 떨며 문을 처닫고 받아주려 하지 않았다."

다산은 1801년 11월 유배지 강진 땅에 도착하였을 때의 모습을 '다신계(茶信稧)'●에 이렇게 썼다.

서학 죄인으로 귀양 온 다산에게 어느 누구도 가까이 다가가려 하지 않았다. 다산은 그곳 주막의 주모가 내어준 골방 하나를 거처로 삼

● 다산이 강진군 도암면 만덕리 다산초당에 유배되었을 때 제자들을 중심으로 주민들이 다산을 돕기 위해 차 재배와 생산을 위한 계를 모아 출연하였는데 이 계 이름을 다신계라 불렀다.

고 유배 생활을 시작했다.

나그네 설움(客中書懷)

북풍이 흩날리는 눈처럼 불어와
남쪽 강진 땅 밥집까지 떠밀려 왔네.
다행히 야트막한 산이 바다를 가리고
총총한 대나무 속에 세월을 보내네.
장기* 탓에 겨울인데 오히려 얇은 옷을 입고
근심을 잊으려 밤 술을 더하네.
한 가지 나그네 설움을 풀어주려고
설도 되기 전에 동백꽃이 하마 피었구나.

北風吹我如飛雪
南抵康津賣飯家
幸有殘山遮海色
好將叢竹作年華
衣緣地瘴冬還減
酒爲愁多夜更加
一事纔能消客慮

● 장기(瘴氣) : 습기가 많고 더운 땅에서 생기는 독기(毒氣)를 말한다.

山茶已吐臘前花

다산은 이 방의 당호를 '사의재(四宜齋)'라고 지었다.

신분과 계급의 차이를 넘어 꽃피운 다산학단

《논어》의 〈위령공편(衛靈公篇)〉에서 공자는 "가르치는 데는 계급이 없다(有敎無類)"고 했다. 공자의 교육 사상을 가장 선명하게 압축한 글이다. 다산은 《논어》 주석서인 그의 저서 《논어고금주(論語古今註)》에서 이 글을 "하늘이 사람을 내릴 때는 귀천을 두지 않았고, 멀고 가깝고의 구분도 없었다(天之降衷, 無有貴賤, 無有遠邇)"고 해석하면서, "가르침이 있으면 모두 같다(有敎則皆同)"고 정의했다. 더 나아가서 인간은 교육을 받으면 모두 같은 존재이며 어리석은 백성 위의 정권은 굳건하지 못하다고 했다.

유배 시절 다산은 배움에는 귀천이 없고 남녀노소, 부자와 가난한 자, 힘이 있고 없는 사람 누구에게나 독서는 가장 아름다운 일이라 믿었다. 가르침이나 교류에 있어서 신분에 구애를 받지 않았고, 또 그렇게 애써 가르쳤다.

다산은 유배 생활 중에 여러 번 거처를 옮겼으며, 옮길 때마다 그를 따르는 제자들이 그의 곁에 머물며 학문의 꽃을 피웠다. 18년의 유배 기간에 무려 5백여 권에 달하는 방대한 저술이 가능했던 것은 "복사뼈에 세 번이나 구멍이 날"만큼 열정을 퍼부었던 다산의 노력도 노력이지만, 고도로 숙련된 다양한 능력을 가진 제자들의 조력이 결정적이었다. 그들은 경서(經書)와 사서(史書)를 살피고, 혹은 받아 적고, 혹은 정서하고, 혹은 교정하면서 그 어마어마한 저작들을 완성한 것이다.

그래서 그 누구도 '다산의 제자군(群)'을 '학단(學團)'으로 일컫는 데 있어 이의를 제기하지 못할 것이다.

사의재와 강진 6제자

다산이 유배 생활 처음 4년 동안 교육과 학문 연구에 몰두한 사의재는 생각(思)·용모(貌)·언어(言)·행동(動) 네 가지를 반듯하게 하는 집이라는 뜻이다.

"사의재는 내가 강진(康津)에 귀양 가 살 때 거처하던 집이다. 생각은 마땅히 담백해야 하니 담백하지 않은 바가 있으면 반드시 바로 맑게 하고, 외모는 마땅히 장엄해야 하니 장엄하지 않은 바가 있으면 반드시 바로 반듯하게 해야 한다. 말은 마땅히 참아야 하니 참지 못하는 바가 있으면 반드시 바로 그쳐야 하고, 움직임은 마땅히 무거워야 하니 무겁지 못하면 반드시 바로 더디게 해야 한다. 이에 그 방에 이름을 붙여 '사의재(四宜齋)'라고 한다."

四宜齋者, 余康津謫居之室也 思宜澹, 其有不澹, 尚亟澄之 貌宜莊, 其有不莊, 尚亟凝之 言宜訒, 其有不訒, 尚亟止之, 動宜重, 其有不重, 尚亟遲之 於是乎名其室曰 四宜之齋

— 다산의 〈사의재기(四宜齋記)〉 중에서

情之處金石貞信庶可形矣毋以鄙俚而垂察焉往
在　純廟辛酉　先夫子遘禍謫耽津不許人相接
壬戌秋門下以牛馬走而與二三牟童踘戲於　族
舍侍前　先夫子使人招致踘戲群童群童進門下
素抱善澁故違背　命令三復而後拜　夫子曰見
則禮矣問其姓名年齒業何俱以對適日暮遽昏
命群童退令門下在問其學舍遠近曰次龍將命於
本處乎起而對曰父在父母之所使是從　曰可
矣明日復來歸陳此教於家嚴　曰此針芥七相投
也汝往從文秋卽徙義重小心晨思夕逹勿忘善當

拜命明日而進告之受教　曰秋子遂玩之以書帙
使之鈔錄經籍授以檀弓贈之以治文史之文以勤
三字秉心確如字結語雖至愚者可以自勉而顧從
矣自兹以往藏共座隅宿共座隅上有所博下無所
隱是以恩義交重如父誨子安得無如子事父之心
於門下伉儷之時日汝之禮狀非我而誰書遂書之
其後開居謂門下曰吾不躭復見天日老死此土則
二子俱在千里之外欽慶之節惟汝行之衣之垢者
澣之精者仍之一遵我授體哉新編欽而續焉待二子
之到以成返枢之節汝不見夫童子執燭之文乎君

황상의 《치원소고(巵園小稿)》 부분, 강진 다산기념관 소장 유배지 강진에서 만난 첫 제자 황상(黃裳 1788~1863?)은 15세였던 1802년 10월 10일, 평생의 스승 다산과 처음 만난 역사적인 순간을 이렇게 썼다.

"1801년, 지금은 돌아가신 스승님께서 화를 당하시어 탐진(耽津 : 강진의 옛 이름)으로 귀양 오셨는데 다른 사람과 만나는 일이 허용되지 않았다. 1802년 가을 이 제자는 천한 몸으로 두세 명의 아이들과 객사 앞의 길가에서 공놀이를 하고 있었는데, 스승님께서 사람을 시켜 공놀이를 하고 있던 아이들을 불렀다."

純廟 辛酉 先夫子 遭禍謫耽津 不許人相接 壬戌秋 門下以牛馬走 而與二三羣童 毬戲於旅舍街前 先夫子 使人招致 毬戲羣童
– 황상의 《치원소고(巵園小稿)》에서 ●

황상은 아전의 아들로 아우 황경(黃褧)과 더불어 손병조(孫秉藻), 황지초(黃之楚), 이청(李晴), 김재정(金載靖) 등과 함께 강진 읍내 6제자로 불린다. 1788년에 태어났고 아명은 산석(山石)이며 호는 치원이다. 다산이 강진 유배 시절 가르쳤던 제자 중 가장 아끼고 사랑했다고 전한다. 1802년 강진 주막집 골방에서 처음 스승과 제자로서 인연을 맺었지만 양반이 아니라서 과거를 볼 수 없으므로 시부터 배웠다. 공부를

● 글의 일부분을 저자가 부분 번역하여 소개한 것이다.

시작한 지 1년 반이 지난 후에 지은 〈설부(雪賦)〉라는 시는 다산을 놀라게 했으며, 이후 그가 지은 시가 흑산도에 유배된 형 손암 정약전에게도 전해져 크게 감탄하였다고 전한다.

1811년 다산은 흑산도에 유배 중이던 둘째 형 약전에게 이렇게 썼다.

"읍내(邑內)에 있을 때 아전 집안의 아이들로서 배우러 왔던 사람이 4, 5명 되었는데 거의 모두가 몇 년 만에 폐하고 말았습니다. 어떤 아이 하나가 단정한 용모에 마음도 깨끗하고 필재(筆才)는 상급에 속하며 글 역시 중급 정도의 재질을 가졌는데, 꿇어앉아서 이학(理學)을 공부하였습니다. 귀족 자제(子弟)들은 모두 기운이 쇠약하고 대부분 비루하며 책만 덮으면 금방 잊어먹는 정신 상태에다 의지와 취향은 수준 이하에 안주하고 있습니다."

在邑中時, 吏家兒來學者四五人, 悉皆數年而廢, 有一兒, 貌端心潔, 筆則上才, 文亦中才, 跪而爲理學 …… 至於貴族子弟, 皆帶衰氣, 都是下劣, 精神則掩卷輒忘, 志趣則安於下流

이 글에 소개된 아이가 바로 황상이다. 다산은 신분의 벽을 넘어 제자 황상의 맑은 마음과 재주를 아꼈다. 그러나 황상은 몸이 너무 허약해서 다산이 다산초당으로 거처를 옮길 때 따라갈 수가 없었다. 황상과 헤어진 일을 다산은 죽을 때까지 무척 애달파했다.

丁黃契案

黃裳字子中一鮹號卮園戊申生　今年六十一
哲嗣農憨字禹餘
丁卯生　今年四十二
子岳朋　今年辛卯生十八
子家朋　今年丙申生十三
子期朋　今年甲辰生五

丁學淵字稺修號酉山癸卯生　今年六十六
子大林字士衡號達史丁卯生　今年四十二
子復慶　己巳生今年四

第學游字稺久號芸通丙午生今年六十三
子大懋字子圓號硯田甲申生今年二十五
子大樊字子山　癸巳生今年十六
子大楚字子城　乙未生今年十四

此吾兩家老人姓名及子孫錄也酉山老眼書送於千
里使兩家後生爲世世講信修誼之左契咨爾諸君愼
勿遺失　道光戊申嘉平月八日書

1848년 12월 8일 정학연이 쓴 〈정황계안(丁黃契案)〉, 한국학중앙연구원 소장

비록 다산초당의 제자들과 함께 하지는 못했지만 황상은 다산과 헤어진 후 강진 천태산 자락에 일속산방(一粟山房)을 짓고 평생 학문을 계속하고 시를 썼다.

그리고 그는 1836년 2월 다산이 세상을 떠나기 직전에 마재로 다산을 찾았고 1845년 다산의 기일에 다시 방문하여 다산 형제와 정황계(丁黃契)●를 맺었다. 1849년 또 마재로 와서 정학연의 소개로 추사와 그의 형제들을 만나고 허련과 교류하기 시작했다. 유고로 필사본 시문집 《치원유고(巵園遺稿)》 4권 2책이 전하는데, 그 서문은 추사와 아우 김명희가 나란히 썼다.

이청(李晴 1792~1861)은 다산이 상대적으로 취약했던 자연과학 분야, 특히 천문역산에 뛰어난 우수한 제자로 다산의 저술에 크게 기여했다. 다산은 읍중 제자들 중에서 이청과 황상을 유난히 아꼈다.

〈정황계안〉은 황상, 정학연, 정학유 세 가문 자손들이 대를 이어 교류하도록 써서 남긴 문서이다. 당시 정학연은 66세로 황상보다 다섯 살이 많았고 신분적으로 우월한 지위에 있었으나 황상을 존중하며 황상가문을 여기에 먼저 적었다. 바로 이러한 정신이 다산철학의 바탕이다.

전등계, 유 · 불의 경계를 허물다

1805년 겨울, 다산은 혜장(惠藏 1772~1811)●의 주선으로 사의재에서

● 정씨와 황씨의 결속을 다지는 문서.

나와 강진읍 뒷산 보은산에 자리한 고성사(高聲寺) 보은산방(寶恩.山房)에서 머물며 밤낮으로《주역》과《예기》를 가르쳤다.

보은 산방에서 쓰다(題寶恩.山房)

우두봉 아래 작은 선방엔

소슬한 대나무 낮은 담을 둘렀네.

작은 바다에 바람이 불어 파도는 낭떠러지에 부서지고

고을 성의 저녁연기 첩첩 산에 막혔구나.

둥그런 나물 통에 중과 함께 죽을 먹고

● 학승. 대둔사에서 승려가 되었고 30세에 대흥사의 주지가 되었다. 혜장은 다산을 스승으로 모시고 《주역(周易)》을 배우고, 차와 선을 논하며 승속을 떠난 인간적 교유를 시작했다.

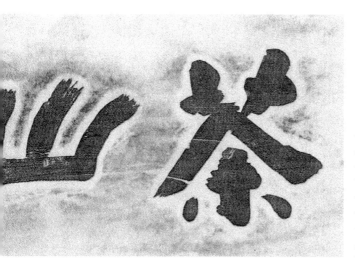

다산초당의 현판 글씨. 이 글씨는 일반적으로 추사가 직접 쓴 것으로 잘못 알려져 있다. 사실은 1957년 전남 강진의 다산초당을 중수하면서 추사의 글씨를 집자(集字)해서 판각한 것이다.

볼품없는 책 상자는 나그네 짐이라네.

청산에 못 지낼 곳이 어딘들 있을쏘냐.

한림의 봄꿈은 이미 아득하기만 하네.

牛頭峯下小禪房

竹樹蕭然出短墻

裨海風潮連斷壑

縣城煙火隔重岡

團團荼櫨隨僧粥

草草經函解客裝

何處靑山未可住

翰林春夢已微茫

혜장은 해남 출신의 승려로 속명은 팔득(八得)이며 호는 연파(蓮坡) 또는 아암(兒庵)이다. 젊은 나이에 선(禪)·교(敎) 양종의 거목이 되었고, 불경은 물론 유학에도 해박하여 강진 만덕사에서 유·불의 경계를 넘어 다산과 교제했다. 저서로는《아암집(兒庵集)》이 있다.

그로 인하여 그의 제자인 수룡(袖龍), 철경(掣鯨), 기어(騎魚)로부터 초의 의순에 이르기까지 다산과 깊은 사제관계를 맺게 되어 전등계(傳燈契)를 결성하게 된다.

보은산방(寶恩山房)에서 2년 가까이 지낸 다산은 1806년 가을부터는 강진의 애제자 이청의 집에서 지냈다. 이청은 다산의 사의재 시절부터 해배될 때까지 다산 곁에서 줄곧 다산의 저술을 도운 제자이다.

다산은 유배 생활 8년째 되던 1808년 가을, 비로소 다산초당(茶山草堂)으로 거처를 옮겼다.

다산초당, 다산학이 무르익는 계절

고산 윤선도는 남인의 영수로 집권 세력인 서인과 대립하면서 20여 년의 유배 생활과 19년의 은거생활을 했다. 그는 해남 윤씨 가문의 조상이 물려준 막대한 재산으로 해남 일대에 많은 정자와 별서를 지어 놓고 화려한 은거 생활을 누렸다. 다산초당에서 약 20여km 떨어진 해남읍 연동리에는 고산의 고택이자 해남 윤씨 종가인 녹우당(綠雨堂)이 있다.

녹우당의 현판 글씨는 옥동 이서(玉洞 李漵 1662~1723)가 썼다. 옥동 이서는 다산이 사숙(私淑)•한 성호 이익의 이복형으로 남인이며, 앞서

고산 윤선도의 녹우당 현판

언급한 대로 당시 집권 세력인 노론으로부터 장희빈의 소생인 세자를 보호해야 한다는 상소를 올렸다가 국문 중에 맞아죽은 이잠(李潛)의 이복동생이다.

그는 윤선도의 증손자인 공재 윤두서(恭齋 尹斗緖 1668~1715)와 절친했던 사이로 윤두서와 함께 조선 서예의 필법과 정신을 백하 윤순(白下 尹淳 1680~1741)에게 계승한 동국진체의 비조(鼻祖)이다. 이서는 미수 허목(眉叟 許穆 1595~1682)이 창안한 서체가 널리 이용되지 못하자, 자신의 사상에 입각한 새로운 서법 정립을 시도했다. 전통적인 촉체를 바탕으로 미법(米法)을 부분적으로 수용하며 창안한 이 글씨가 바

● 사숙(私淑) : 직접 가르침을 받지는 않았지만 마음속으로 그 사람을 본받아서 도나 학문을 닦은 것을 말한다. 여기서 (私)는 절(竊)의 뜻으로 '남몰래 마음속으로'라는 의미이고, 숙(淑)은 선(善)을 말한다. 《맹자(孟子)》 〈이루편(離婁篇)에서 "맹자가 말하기를, 나는 공자의 제자가 되지는 못했으나 그를 본받아 스스로를 닦았다 (孟子曰 予未得爲孔子徒也 予私淑諸人)"라고 한 데서 나온 말이다. BC 479년 공자가 죽고 100년 정도 뒤인 약 BC 372년에 맹자가 태어났다.

좌) 공재 윤두서의 자화
공재 고택 소장
우) 김호석이 그린 다산
준 영정, 다산기념관 소장

로 옥동체(玉洞體)이며, 이를 '동국진체(東國眞體)'라고도 부른다.

이 글씨체가 공재를 거쳐 소론계 학자였던 백하 윤순에게 전해진 이후, 원교 이광사(圓嶠 李匡師 1705~1777)에게 이어졌다. 이광사는 예조판서를 지낸 이진검(李眞儉 1671~1727)의 아들이다. 이진검은 김일경(金一鏡) 등과 함께 신임사화를 일으켜 노론을 숙청하는 데 앞장섰다가 옥사한 이진유(李眞儒 1669~1730)의 아우이다. 그는 1725년 영조가 즉위하고 소론이 실각하면서 유배지에서 죽었다. 이러한 연유로 이광사는 벼슬길에 나가보지도 못했다. 그러다가 나주벽서사건에 연루되면서 벼슬은커녕 몰락한 소론의 후예로 죽을 때까지 유배지에서 보냈다. 동국진체를 이어받은 이광사는 다시 송하옹 조윤형(松下翁 曺允亨 1725~1799)에게로 연결했다. 그리고 이 글씨체는 마침내 다산의 글씨에서 발견된다.

다산은 공재 윤두서의 증손자이다. 다산의 어머니가 공재 윤두서의 손녀로, 다산은 조선 말기 지식사회에서 아웃사이더의 꼭짓점에 위치하고 있었다. 그래서 다산의 현실 인식 또한 당시 조선 지배계층의 그것과는 사뭇 다를 수밖에 없었던 것이다.

다산의 현손(玄孫) 정규영(丁奎英)이 쓴 〈사암선생연보(俟菴先生年譜)〉에 다음과 같은 기록이 남아 있다.

"다산의 얼굴 모습과 수염이 공재를 많이 닮았다. 다산도 일찍이 문인들에게 말하기를 '나의 정분(精分)은 외가에서 받은 것이 많다'고 했다."

다산의 얼굴은 지금까지 실제로 전해오는 자료가 없어 짐작만 할 뿐이다. 하지만 다산의 글씨에서 공재 글씨의 기운을 발견하는 일은 그리 어려운 일이 아니다. 전해오는 다산의 글씨를 보면 그 속에 공재의 필체가 진하게 스며 있음을 알 수 있다. 즉 옥동과 공재에서 비롯된 동국진체가 백하, 원교, 송하옹을 거쳐 마침내 다산으로 이어진 것이다.

왕희지는 본래 맑고 참하여
깨끗이 풍진세상 벗어났네.
산음에서 도사를 만나
그 거위 좋아하는 손님에게 글씨를 요구했네.
흰 비단 펼쳐 도덕경을 썼는데
필체가 정묘하니 입신의 경지로다.
글쓰기를 마치고 거위를 조롱에 넣어 갔지만
어찌 주인과 작별한 것이겠는가.

右軍本淸眞
瀟灑出風塵
山陰有羽客
要此好鵝賓
掃素寫道經
筆精妙入神
書罷籠鵝去
何曾別主人

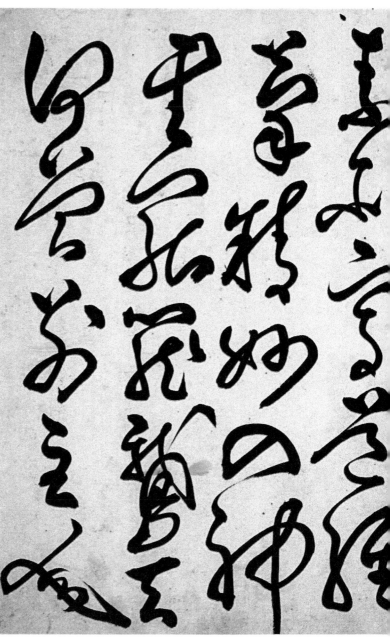

옥동 이서의 초서 이백의 시 〈왕우군(王右軍)〉, 국립광주박물관 기획전 '공재 윤두
서 서거 300' (2014년)

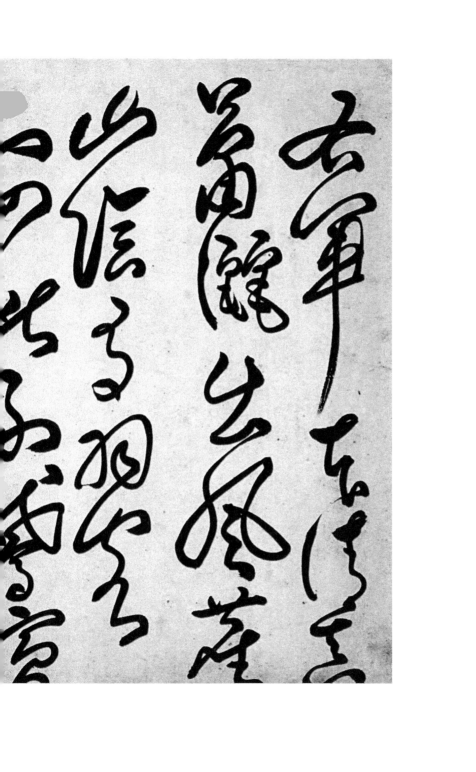

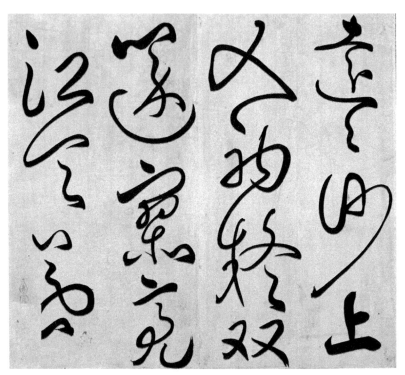

공재 윤두서의 초서, 정작(鄭碏)의 시 〈피리 소리를 들으며(聞笛)〉, 국립광주박물관 기획전 '공재 윤두서 서거 300' (2014년)

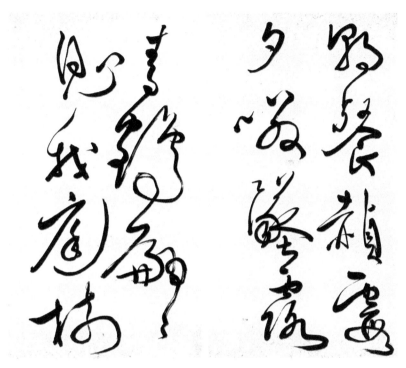

다산의 초서, 예술의전당 '다산 정약용 탄생 250' (2012년)

아득한 모래밭 위에 있는 사람들

처음엔 한 쌍의 백로인 줄 알았더니

바람을 맞으며 홀연히 피리를 부니

맑은 피리 소리 울려 퍼지는 강가에 날이 저무네.

遠遠沙上人

初疑雙(白鷺

臨風忽橫)笛

寥亮江天暮

아침에 붉은 노을을 먹고 저녁엔 떨어진 이슬 마시네.

푸른 학 훨훨 날아 내 정원 나무에 내려앉네.

朝餐赬霞 夕啜墜露

靑鶴翩翩 息我庭樹

다산초당에서 만난 학문과 사랑

다산의 유배지가 강진 땅이었던 것은 다산 자신이나 강진의 인재들에게 큰 행운이었으며, 적어도 조선의 인문학에 있어서 큰 의미를 지닌다.

당시 강진은 다산 외가 해남 윤씨 가문과 고산 윤선도의 사위 이보만(李保晩 : 연대 미상, 인조 때 문인 출신의 거문고 명인)의 후손들이 부유하게 살고 있었고, 특히 해남의 외갓집과 다산초당에서 44km 떨어진 지금의 해남군 현산면 백포리에 있는 공재 윤두서의 고택은 다산의 지적 욕구를 만족시키기에 충분히 방대한 장서를 소장하고 있었다. 게다가 인근의 만덕사(萬德寺)와 대둔사(大芚寺)에는 아암 혜장, 초의 의순 등 당시 불교계의 지성을 대표하는 학승들이 머무르고 있었다.

1808년(순조 8년, 47세) 다산은 외가 집안 사람 윤단(尹慱 1744~1821)의 도움으로 다산(茶山)으로 거처를 옮겼다.

"봄에 다산(茶山)으로 옮겨 거처했다. 다산은 강진현 남쪽의 만덕사(萬德寺) 서편에 있는데, 처사(處士) 윤단의 산정(山亭)이다. 공이 다산으로 옮긴 뒤 대(臺)를 쌓고, 못을 파고, 꽃나무를 열 지어 심고, 물을 끌어와 폭포를 만들고, 동쪽 서쪽에 두 암자를 짓고, 서적 천여 권을 쌓아놓고 글을 지으며 스스로 즐기어 석벽(石壁)에 '정석(丁石)' 두 자를 새겼다."

― 《사암선생연보(俟菴先生年譜)》 중에서

다산은 이곳에서 정원을 꾸미고 차와 채소를 가꾸며 전원생활을 영위하면서 18제자를 길러내었다. 《다신계절목》에 기록된 이유회(李維會), 이강회(李綱會), 이기록(李基祿), 정학가(丁學稼), 정학포(丁學圃), 정수칠(丁修七), 윤종문(尹鍾文), 윤종영(尹鍾英), 윤종기(尹鍾箕), 윤종벽(尹鍾壁), 윤종삼(尹鍾參), 윤종진(尹鍾軫), 윤종심(尹鍾心), 윤종두(尹鍾斗),

다산이 직접 쓰고 새긴 정석
(丁石). 다산초당의 서쪽 바위
절벽에 있다.

윤자동(尹玆東), 윤아동(尹我東), 이택규(李宅逵), 이덕운(李德芸) 등이 바로 다산초당의 18제자이다. 이들은 사의재 제자들과 달리 모두 양반가의 자제들로, 윤단의 손자가 6명으로 가장 많고, 나머지는 다산 집안과 외가의 친척들로 구성되어 있다.

그런데 이들은 앞서 흑산도의 정약전에게 보낸 편지에서 인용한 대로, 대부분 아전 집안의 자제들이었던 사의재 제자에 비해서 다산에게 그리 만족스럽지 않았던 것으로 보인다. 다산의 평가에 따르면 대부분 '기운이 쇠약하고 비루하여 책만 덮으면 금방 잊어먹는' 수준이었다. 이는 아마 그들에게서 다산이 가장 싫어한 양반이라는 신분적

우월감에 사로잡힌 사고와 생활방식을 느꼈기 때문이었을 것으로 생각된다.

그렇지만 이들 중에서 이강회, 윤종심, 윤종벽 등은 이후 다산의 아들을 도와 다산의 저술에 큰 역할을 했다.

500여 권의 방대한 다산의 저서는 황상, 이청 등 사의재 제자들, 전등계의 혜장, 초의 등 승려들, 그리고 다산초당의 제자들이 각자의 다양한 장점들을 모으고 보태어 이루어진 것이다.

다산의 자본주의

주자학의 결정적 오류는 공자를 권위주의, 금욕주의로 파악한 데서 시작되었다. 하지만 《논어》에서 읽을 수 있는 공자의 재화론(財貨論)은 얻고자 하되 탐하지 않는, 즉 '욕이불탐(欲而不貪)'과 이익을 보면 그 이익이 정당한 것인지 우선 생각하는 '견리사의(見利思義)'를 바탕으로 이익과 정의의 균형을 도모하는 것이다. 수사학(洙泗學)에서 출발한 다산의 실학사상은 바로 이렇게 건전한 자본주의 사상에 뿌리를 둔 것이었다.

다산은 장기(長鬐)에 거주할 때, 주인이 겨우 다섯 살짜리 어린 손녀에게도 뜰에 앉아 솔개를 쫓게 하고, 일곱 살짜리에게는 막대로 참새 떼를 쫓게 하는 등 한솥밥을 먹는 사람이면 모두 일을 시키는 것을 보았다. 1810년 2월 아들에게 보내는 '학유에게 주는 글'에 집안의 모든 사람이 할 일을 맡아 책임을 다하면 궁색함에서 벗어나게 된다고 썼다.

그는 몸소 다산(茶山)에다 연못을 파고 대를 쌓아 전포(田圃) 즉, 밭

갈고 나무 심는 일에 힘을 쏟고 마음을 다했다. 그래서 해배되어 돌아갈 때 강진 일대에 무려 18마지기의 논과 밭을 남겼다. 다산의 몸에 밴 실용과 근면이 건전한 자산 축적으로 연결된 것이다. 여기서 나오는 소득은 해배 후 다산 제자들의 다양한 계(契)가 대를 이어가며 결속되도록 하는 재원으로 사용되었다. 또 다산은 차나무를 스스로 심고 재배하였으며 뒷담 밑 약천의 석간수(石澗水)를 손수 떠다가 차가운 물로 우려낸 차를 즐겼다.

1810년 11월에 다산이 쓴 수취인 불명의 편지를 보면 유배지의 살림이 그렇게 넉넉하지는 않다는 상투적인 표현을 쓰고 있지만, '좋은 차 수백 근(佳茗 數百觔)' 등의 얘기로 미루어 살펴볼 때 편안하고 여유로운 다인(茶人)의 삶을 누렸다는 것을 알 수 있다.

> "하물며 명아주와 비름 같은 나물도 충분치 못합니다. 저의 곤궁함이 이러하여 남을 구제할 것은 없지만, 오직 좋은 차 수백 근을 쌓아두고서 다른 사람의 요구를 들어주고 있으니 부자라 할 수 있을 것입니다."

> 猶懼氣劣 況藜莧不充哉 吾窮如此 無物濟人 唯蓄佳茗 數百觔 以塞人求 可謂富矣

1811년 봄 다산은 그의 아버지 정재원이 화순 현감을 할 때부터 대를 이어 사귄 친구이자 인근에서 가장 부호인, 옹산 윤서유(翁山 尹書有 1764~1821)를 위해 그 집안의 정자 '조석루'에 대한 글 〈조석루기(朝

다산의 수취인 불명의 편지(1810년)

夕樓記)〉를 썼다. 그리고 그 이듬해 다산은 윤서유의 아들 창모(昌模)를 사위로 맞았다. 이 글을 보면 다산의 유배 생활이 어떠했는지에 대한 정황을 능히 짐작하고도 남는다.

"조석루(朝夕樓)는 윤개보[尹皆甫 : 개보는 윤서유의 자(字)이다]의 서루(書樓)*이다. 나는 다산(茶山)에 기거한 지 이제 4년이 되는데, 꽃이 필 때마다 산보를 했다. 매번 산에서 오른쪽으로 고개 하나를 넘고 시내 하나를 건너 석문(石門)에서 바람을 쐬며, 용혈(龍穴)에서 쉬었다. 청라곡(靑蘿谷)에서 물 마시고, 농산(農山)에 있는 별서(別墅)에서 밤을 보내고 나서는 말을 타고 다산으로 돌아오곤 했다. 개보(皆甫)와 그의 사촌 아우 군보(群

---

* 옛날 선비들이 모여 글을 공부하던 누각을 서루라 불렀다.

甫 : 윤시유 1780~1833)는 술과 물고기를 가지고 와서 어떤 때에는 석문 (石門)에서 기다리고, 어떤 때에는 용혈(龍穴)에서 기다리고 어떤 때에는 청라곡(靑蘿谷)에서 기다렸다. 이미 취하고 배불리 먹은 뒤에는 그와 함 께 농산에 있는 농막에서 잠을 잤다."

朝夕樓者 尹皆甫之書樓也 余寓茶山 今且四年 每花時試步
必由山而右 越一嶺 涉一川 風乎石門 憩乎龍穴 飮乎靑蘿之谷 宿
乎農山之墅 而後騎馬而反乎山 例也
皆甫與其從父弟羣甫 佩酒持魚而至 或期乎石門 或期乎龍穴 或期
乎靑蘿之谷
旣醉而飽 與之宿乎農山之墅 亦例也

아! 하피첩

다산은 1776년, 15세가 되던 해 풍산 홍씨 홍화보(洪和輔 1726~1791)의 딸 혜완(惠婉)과 혼인했다. 다산이 유배를 떠났을 때 둘 사이에서 낳은 큰아들 학연은 19세, 둘째 학유는 16세였다.

유배 생활을 시작한 지 몇 해 후에 부인 홍씨는 시집올 때 입었던 치 마를 다산에게 보냈다. 다산은 세월이 흘러 붉은빛이 바랜 치마를 잘 라 첩(帖)을 만들고 자식들에게 하고 싶은 이야기를 썼다. 뛰어난 북 디자이너이기도 한 다산은 언제 끝날지 모르는 유배 생활 중에 자식 들에게 꼭 하고 싶은 말을 써서 이를 정성스레 네 권의 첩으로 만들었 다. 그리고 이 첩을 '하피첩(霞帔帖)'이라고 이름 지었다.

이 하피첩은 다산의 후손이 가지고 있었으나 어떤 연유에서인지는 모르지만 분실되었다. 아마 다산 생가가 소장하고 있던 다른 서첩들이 그러했듯이 1925년 여름 '을축(乙丑) 대홍수'●로 다산 생가가 유실되었을 때 흩어진 것으로 여겨진다. 그래서 이때 흩어졌던 다른 서첩과 마찬가지로 하피첩에도 물에 젖은 자국이 있다. 이후 하피첩은 폐지 줍는 할머니의 수레에 실려 고물상으로 갔다가 2006년 한 방송국의 프로그램을 통해 세상에 나타났다. 그리고 부실 저축은행의 압류품으로 경매에 출품되는 기구한 사연을 거쳐 지금은 국립민속박물관의 소장품이 되었다. 이때 경매 낙찰가는 7억5천만 원이었다.

하피첩보다 네 배 이상 비싸게 팔린 미국 만화책

2014년 8월, 미국 이베이 경매에서는 슈퍼맨 만화책 《액션 코믹스》가 우리 돈 약 32억 원에 낙찰되었다. 이 만화책은 1938년 당시 10센트의 가격으로 20만 부가 출판되었는데, 현재 약 100~150권 정도 남아 전해지는 것으로 알려져 있다. 그런데도 엄청난 값에 팔렸으니 다산의 '하피첩'이 7억5천만 원에 팔린 것과 비교하면 우리의 문화재 인식이 너무도 초라한 게 아닌가 생각된다.

● 1925년 7~8월 있었던 을축년 대홍수는 근대 우리나라에 기록된 가장 큰 홍수였다. 그해 7~8월에 걸쳐 전국적으로 발생한 네 차례의 큰 홍수로 인해 한강이 범람하여 많은 인명과 재산 피해가 발생했는데, 한강 지금에 있는 다산의 생가도 이때 유실되었다.

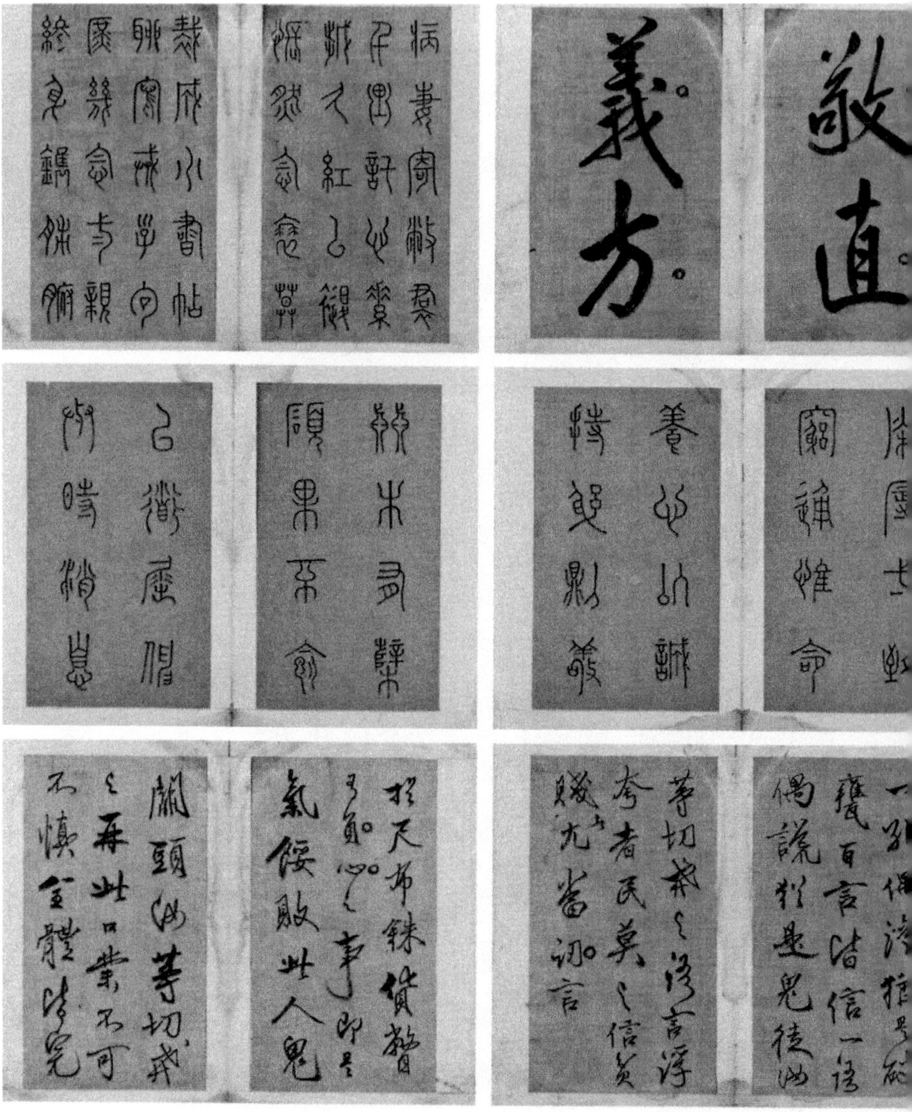

陸子靜曰宇宙間
事是己分内事己
分内事乃己宇宙内

事大丈夫不可一日
無此商量多人本

欺罔贒違聖時新民策也今
人生兩間心貴在誠都之可載
欺天宲彭欺名欺親以至農而
欺稆賈而欺仆噉喈喈庶咳咭
一物可欺即自乙之酌須月薄物
以法之每喈一賑須存此想不
有失乎誰字余四此先生欺
年夏余在茶山用蔄芏茱乞飯
作摶爲表之客畣閒者曰乜之
要謁精禪智為溷圊十歂志

此邅個志余哧爲日乜平寵之方
便雖貴富重天士君子卿家
律身之注撿以二室与子蕭于
壬也山茟初涉鉻剃
亥千菊秌子子茶山宩書

士大夫心事當如
光風霽月無纖
毫菑翳不愧天

作人之事載丝不
犯自延心廣體胖

吾家自先世
不涉朋黨況
自屯邅苦遭
知舊推淵下石
泖菁銘肺抎

다산의 필적 하피첩(霞帔帖) 부분, 보물 제1683-2호, 국립민속박물관 소장

노년에 꽃피운 사랑, 두 폭의 매조도

1812년 다산의 외동딸이 친구 윤서유의 장남 창모(昌模 1795~1856)에게 시집갔다. 다산은 하피첩을 만들고 남은 치맛감으로 이듬해 7월 14일 〈매조도〉 한 폭을 그려주었다. 시집가는 딸이 시댁에서 시부모와 집안의 사랑을 듬뿍 받으며, 자식 낳고 행복하게 살기를 바라는 마음에서 사랑과 기원을 담아 그림을 그리고 글을 썼다.

훨훨 새 한 마리 날아와
우리 뜰 매화나무에서 쉬네.
매화 향 짙게 풍기니
반갑게 여기 날아왔구나.
이제 여기 머물고 둥지 틀어
네 집안을 즐겁게 하여라.
꽃은 이미 활짝 피었으니
토실한 열매가 맺히겠지.

翩翩飛鳥
息我庭梅
有烈其芳
惠然其來
爰止爰棲
樂爾家室

〈매조도〉, 고려대박물관 소장

翩翩飛鳥息我庭梅有實

至芳德也其來也爰止爰

棲樂爾家室華之既榮有

蕡其實

嘉慶十八年癸酉七月十四日洌水翁書于茶山東菴

余謫居康津之越數年洪夫人寄敝裙六幅歲久

紅渝剪之爲四帖以遺二子用其餘爲小障以遺女兒

華之旣榮

有蕡其實

강진에서 귀양살이한 지 몇 해 지났을 때 부인 홍씨가 해진 치마 6폭을 보내왔다. 너무 오래되어 붉은색이 다 바랬다. 그것을 오려 족자 네 폭을 만들어 두 아들에게 주고, 나머지로 이 작은 그림을 그려 딸아이에게 전한다.

余謫居康津之越數年 洪夫人寄敝裙六幅 歲久紅渝 剪之爲四帖 以遺二子 用其餘爲小障 以遺女兒

그리고 같은 해 8월 19일 강진 유배지의 소실이 딸 홍임을 낳자 감회에 젖어 자신과 혈육의 인연을 그린 또 한 점의 매조도 〈의증종혜포옹매조도(擬贈種惠圃翁梅鳥圖)〉를 그렸다. 다산이 유배 초기에 4년간 머물렀던 사의재 뒤편에는 현재 주모와 그 딸의 동상이 있는데, 주모의 딸이 다산의 강진 소실이었는지는 알 수 없다.

홍임의 어머니가 유배 생활 중에 다산에게 많은 도움을 주었던 표서방의 딸이라는 이야기도 전해오고 있다. 그녀는 15세 때 시집갔다가 자식도 없이 친정으로 돌아온 22세의 청상과부로 음식 솜씨가 뛰어난 여인이었다고 한다. 그러나 어느 쪽도 확실하지는 않다.

다만 이 매조도가 다산이 강진 유배 중 얻은 소실의 딸 홍임을 위하여 그린 것임은 확실해 보인다. 적어도 10년 이상의 유배 생활로 몸과 마음이 지칠 대로 지쳐 있던 50대의 다산에게 홍임 모녀는 인생의 가

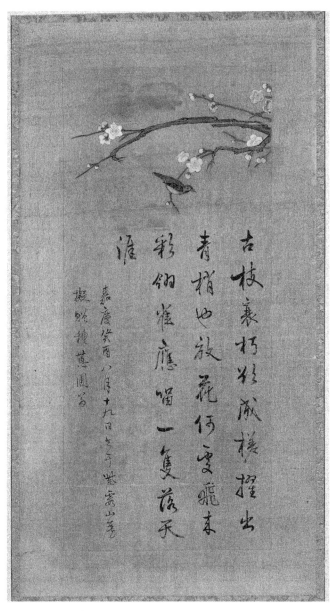

다산 〈의증종혜포옹매조도〉, 개인 소장

장 큰 행복을 맛보게 해주었을 것이다.

'썩어가는 묵은 가지(古枝衰朽)'에 '꽃이 피고(放花)', '빛깔 고운 작은 새(彩翎雀)' 날아들었으니 늘그막에 이만한 즐거움이 어디 있었겠는가.

홍임 모녀는 다산이 유배가 풀려 마재의 본가로 돌아가게 되자 다산을 따라 올라갔다. 그러나 무슨 연유에선지 모녀는 다산의 집안에 발도 들여놓지 못하고 다시 강진으로 돌아가 다산초당을 지키며 살았다 한다.

훗날 홍임 모녀의 안타까운 사연을 전해 들은 한 시인은 홍임 어머니의 입장으로 〈남당사(南塘詞)〉 16수를 지어 그 애끓는 심정을 노래했다. 그중 2수를 옮긴다.

> 천고에 뛰어난 문장 세상에 드문 재능
> 천금을 주어도 만나기 어려우리.
> 갈까마귀 원래 봉황과 짝이 될 수 없으니
> 박복한 마음 복이 과해 재앙 될 줄 알았네.
>
> 어린 아이 총명한 건 그 아비를 닮았네.
> 아비 찾아 울면서 왜 안 오냐 묻는구나.
> 한나라 소통국*도 속량되어 왔다는데
> 무슨 죄로 이 아이는 유배지에 남았나요.

絶代文章間世才

千金一接尙難哉

寒鴉配鳳元非偶

菲薄心知過福災

幼女聰明乃父如

喚爺啼問盍歸歟

漢家猶贖蘇通國

何罪兒今又謫居

　후세 사람들은 다산의 부인 홍씨가 무인(武人) 기질의 기가 센 여인
이어서 홍임 모녀를 용납하지 못했을 것이라고 하고, 홍씨가 속이 좁
은 탓에 내쳤을 거라고도 말한다. 다산도 평소에 아내가 속이 좁은 것
에 대해 수차례 불만을 토로하기도 했다.

　1810년 2월 둘째아들 학유가 강진에서 돌아갈 때 써준 글 〈신학유
가계(贐學游家誡)〉에서 "내 아내는 흠잡을 것이 없지만 아량이 좁은
것이 흠이다(吾內無病, 唯量狹爲疵)"라고 말하며 아들이 부인을 닮아 속
이 좁을 것을 경계한 적이 있다. 또 다산은 죽은 며느리 심씨를 애통
해하는 아내를 보며 '효부심씨묘지명孝婦沈氏墓誌銘'에 대놓고 이렇게

● 소통국(蘇通國)은 한 무제 때 절신 소무가 흉노에 사신 갔다가 억류되어 사는 동안에 지역 여인(胡女)과 살
면서 낳은 아들이다. 후일 소무가 풀려나 귀국한 후 아들도 중국에 들어와 선제(宣帝)로부터 낭중(郎中)직을
제수받았다. 《한서(漢書)》 54권에 나온다.

썼다.

"시어머니의 성품이 편협하여 마음에 드는 사람이 적었으나, 시어머니의
말이 이와 같으니 효부라 할 만하다."

姑性隘 少可意 而姑之言如此 謂之孝婦也

일반적으로 홍임 모녀에 대한 일은 이렇게 다산 부인 홍씨의 성정
과 관련하여 벌어진 일이라고 짐작하고 단정하지만, 굳이 좋게 생각
하자면, 유배를 떠난 죄인의 몸으로 소실을 들여 딸을 낳은 모습이 세
간에 알려지는 것을 다산 스스로 꺼렸을지도 모른다는 추측을 해본
다. 다산의 당호에서 보듯이 다산은 평생 매사에 조심하고(與), 사방을
두려워하며(猶) 살지 않았던가.

묵은 가지 썩어 그루터기 되려는데
푸른 가지 뻗어 활짝 꽃을 피웠네.
어디선가 날아왔나, 빛깔 고운 작은 새
한 마리만 남아 하늘가를 떠도네.

古枝衰朽欲成搓
擢出靑梢也放花
何處飛來彩翎雀

應留一隻落天涯

1813년 8월 19일 자하산방에서 〈의증종혜포옹매조도〉를 그리다.

嘉慶 癸酉 八月 十九日 書于紫霞山房 擬贈種惠圃翁梅鳥圖

다산이 유배지에서 집필한 저서

1809년(48세)   《상례외편(喪禮外篇)》12권 완성.《시경강의보유》집필.

1811년(50세)   《아방강역고(我邦疆域考)》집필.

1812년(51세)   《민보의(民堡議)》,《춘추고징(春秋考徵)》집필.

1813년(52세)   《논어고금주(論語古今注)》집필.

1814년(53세)   《맹자요의(孟子要義)》,《대학공의(大學公議)》,《중용자잠(中庸自
               箴)》,《중용강의보》,《대동수경(大東水經)》집필.

1816년(55세)   《악서고존(樂書孤存)》집필. 정약전 사망으로 묘지명을 씀.

1817년(56세)   《상의절요(喪儀節要)》,《경세유표(經世遺表)》집필.

1818년(57세)   《목민심서》,《국조전례고(國朝典禮考)》집필.

4장

유배지에서 본 추사의 민낯

유배지에서도 내려놓지 못한 귀족의식

입에 맞는 반찬과 차를 보내라는 편지

추사에게 유배는 자신의 행적과 예술을 돌아볼 수 있는 중요한 계기임과 동시에 익숙한 부요(富饒)에서 벗어난 고난과 갈등의 시기이기도했다. 그러나 앞에서 우리는 추사의 유배가 남들과는 다른, 상대적으로 덜 궁핍한 유배가 될 것임을 짐작할 수 있었다.

예측한 대로 추사는 유배를 떠난 많은 사대부들 중에서 유일하게 반찬에 대한 투정을 심하게 했고 잔병치레도 많았다. 1841년 7월 12일 추사가 본가 부인에게 보낸 언문 편지를 보면 이런 정황을 잘 살필수 있다.

민셕어의 약간 두샹(頭傷) 잇스오나 못 먹개 되지 아니ᄒᆞ와 병구(病口)의
죠곰 개위(開胃)가 되오며 어란도 셩히 와셔 쇄히 입맛시 붓치오니 다힝
이옵. 이번의 온 진쟝이 집의 것시옵. 죵시 쇼곰 맛시 과ᄒᆞ야 쓴맛시 나고
단맛시 업스오니 그 젼은 쟝이면 쟝으로 만근 거시 다 그러ᄒᆞ야 먹을 길
이 어렵스오니 셔올도 그 말 ᄒᆞ야거이와 죠곰 단맛 잇ᄂᆞᆫ 지령을 살지라도
죠곰 어더 보내개 ᄒᆞ옵. 빅 호도가 여긔ᄂᆞᆫ 업ᄂᆞᆫ 거시오니 어더 보내개 ᄒᆞ
옵고 죠흔 곳감이 거긔셔ᄂᆞᆫ 엇기 어렵지 아니ᄒᆞ올 듯ᄒᆞ오니 빅편의 수오
졉 어더 보내야 쥬옵. 히쇼(咳嗽)의ᄂᆞᆫ 미양 구급이 되기 이리 긔별ᄒᆞ오며
올회도 짐치와 젓무우 ᄒᆞ야 브치개 ᄒᆞ옵. 짐치ᄂᆞ 그리 아니면 삼동(三冬)
을 어더 먹지 못ᄒᆞ오니 아조 보낼 그릇싀 담아 보내개 ᄒᆞ옵. 어이 써나면
ᄯᅩ 변ᄒᆞ옵. 인편도 총″ᄒᆞ야 겨요 그리옵. 싱각지못ᄒᆞᄂᆞᆫ 것 싱각ᄒᆞ오셔
긔별의라도 싱각ᄒᆞ옵. 이번 어란이 그 즈음셔보옵.

신튝 칠월 십이일 샹쟝●

추사가 부인에게 보낸 여러 편지 속에는 민어, 어란, 된장을 받고 나
서 그 맛에 대해 얘기하며 호도, 곶감, 김치, 젓무, 어란 등을 보내달라
는 내용이 있다. 그는 제주 유배 생활 내내 끊임없이 본가나 친지들에
게 유배지의 불편함을 호소했으며 진장(陳醬), 민어, 겨자, 어란, 곶감,
김치, 젓무, 새우젓, 조기젓, 장볶이, 미어(微魚), 산포(散脯, 소고기 육포)
등 고급 먹을거리들을 계속 요구했고 특히 초의에게는 자주 차를 재

● 〈추사 한글 서간 문장의 조형적 심미구조 고찰〉 박정숙, 2012년 《추사연구 제10호》

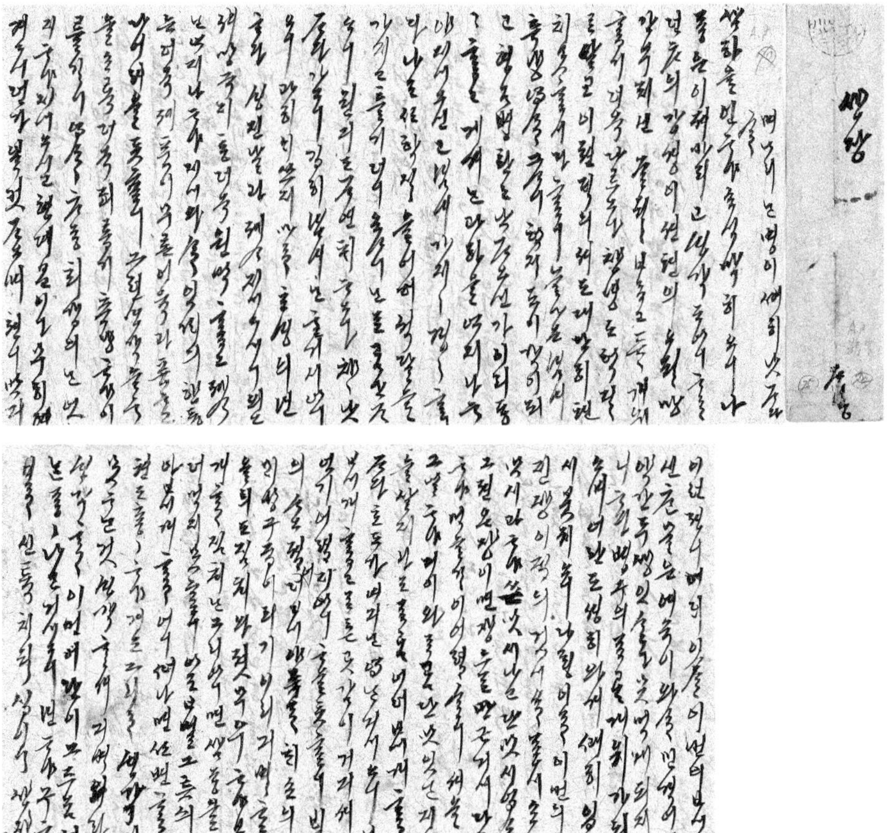

1841년 7월 12일, 추사가 부인에게 보낸 언문 편지, 국립중앙박물관 소장

촉했다.

여기서 진장(陳醬)이란 진간장을 말한다. 하지만 요즘의 화학적 방식으로 만든 진간장이 아니다. 아주 오래 묵어서 진하게 된 간장, 또는 궁중이나 상류층에서 먹던 검은콩으로 쑨 메주로 담가서 까만 빛을 띠는 간장을 말하는데, 여기서는 아마 후자일 것으로 생각된다.

대개 제주도로 귀양을 떠난 사대부들은 고향에 대한 향수병과 함께 제주 음식이 입에 맞지 않아 고생스러워했다. 그래서 고향에 편지를 보내 입에 맞는 반찬거리나 요깃거리를 찾곤 했다. 제주와 한양의 거리는 사실 일천 리 정도로 생각보다 멀지 않았지만 유배인들이 느끼는 심리적 거리는 삼천 리도 더 되는 먼 거리였을 것이다.

바다 건너 낯선 섬에서 살게 된 그들이 제일 먼저 겪는 어려움은 제주의 짜디짠 음식이었다. 추사도 그랬다. 제주에서 그를 가장 괴롭혔던 건 식사 문제였다. 유복하게 살아 까다로운 그의 입에 제주의 낯설고 짜기만 한 반찬이 입에 맞을 리 없었을 것이다. 더욱이 육지 출신인 그에게 생선은 아무리 싱싱해도 비린내 나는 먹기 힘든 음식이었을 것이다. 특히 좋은 가문에 태어나서 어려움 없이 살다 유배를 온 그로서는 제주도의 모든 것이 낯설고 불편했을 터. 한편으로 그의 반찬 투정은 이해하지 못할 일도 아니다.

조선 사대부들의 차에 대한 사랑은 남달랐는데, 그중에서도 추사는 그 정도가 더 심했다. 초의가 차를 보내오지 않자 추사는 서운한 감정을 이렇게 썼다.

제주 유배지에서 추사가 초의 스님에게 보낸 편지, 개인 소장

"편지는 있으나 차는 없으니, …… 나는 스님을 보고 싶지 않고 또한 스님의 편지도 보고 싶지 않으나 차와 나의 인연은 끊으려야 끊을 수 없고 깨뜨릴 수도 없으므로 또 이렇게 차를 보내달라고 재촉하니……"

…… 有書而一不見茶 …… 吾則不欲見師 亦不欲見師書 惟於茶緣 不忍不斷除 不能破壞 又此促茶進

차 한 잔에 자존심을 버린 듯 그는 초의에게 차 투정을 부렸던 것이다.

'싸움닭' 추사

추사는 종종 선후배들의 작품에 날선 비판을 가하곤 했는데, 이에 대해 여러 학자들이 다양한 견해를 내놓고 있다. 하지만 필자는 추사가 다른 사람의 작품에 혹독한 평을 내리는 것이 깊은 의미가 있다기보다 사실 원래부터 비판적이고 도전적인 싸움닭 체질을 타고나서가 아닌가 하는 생각이 든다. 싸움닭은 만들려고 해도 쉬 만들어지는 것이 아니다.

투계를 몹시 좋아하던 중국의 어느 임금이 당시 투계 사육사였던 기성자(紀渻子)란 사람에게 닭 한 마리를 주면서 최고의 투계로 만들어달라고 했다. 맡긴 지 열흘이 지나자 임금은 닭을 싸움시킬 수 있겠는가 물었다. 기성자는 "안 됩니다. 아직 쓸데없이 거만하여 기운만 믿고 있습니다" 했다.

열흘 만에 다시 물으니 그는 여전히 "안 됩니다. 아직도 상대방에 대해 울림이나 그림자처럼 호응합니다" 하고 대답했다.

열흘 후 또 다시 물으니, 기성자는 다시 "아직도 안 됩니다. 상대방을 노려보며 기운이 넘칩니다"라고 답했다.

열흘이 더 지나 물으니, 기성자는 "거의 다 되었습니다. 비록 상대방 닭이 운다 해도 이미 아무런 태도의 변화가 없게 되었습니다. 바라보면 마치 나무로 깎은 닭과 같고 덕은 완전해졌습니다. 다른 닭들은 감히 덤비지 못하고 보기만 해도 뒤돌아 달아날 것입니다" 했다.

紀渻子爲王養鬪鷄 十日而問 鷄可鬪已乎 曰未也 方虛憍而恃氣,
十日又問曰 未也 猶應嚮景
十日又問曰 未也 猶疾視而盛氣
十日又問曰 幾矣 鷄雖有鳴者 已無變矣 望之似木鷄矣 其德全矣
異鷄無敢應 見者反走矣

-《장자》'외편' 중에서

유배지에서도 추사는 '질시이성기(疾視而盛氣)' 즉 식지 않은 비판의 식과 꺾이지 않은 도전 정신을 그대로 보여주고 있다.

유배지의 그는 자하 신위(紫霞 申緯 1769~1847)와 평양의 명필 눌인 조광진(訥人 曺匡振 1772~1840)을 제외한 당대 조선의 유명한 서예가들을 비판했다. 자하 신위는 자신처럼 연행을 다녀와 청조 문인과 교류하며 청대 학문에 조예가 깊은 17년 연상의 사형(師兄)이었고, 평양의 명필로 '부벽루'의 현판을 쓴 예서의 대가 조광진은 그의 아들을 추사의 문하에 맡길 정도로 막역한 사이였다.

이 두 사람을 제외하고 여느 다른 서예가에 대한 추사의 비판은 거침이 없었다. 유배지에서 추사는 서자 상우에게 보내는 편지 〈우아에게 써서 보이다(書示佑兒)〉에서 서법에 대해 이렇게 썼다. 서법이란 이런 것이다 하는 표준을 제시한 것이다.

"예법(隷法)은 가슴속에 청고 · 고아(淸高 · 古雅 : 맑고 고상하며 예스럽고 아름다운)한 뜻이 들어 있지 않으면 손에서 나올 수 없고, 가슴속의 청고 · 고아한 뜻은 또 가슴속에 문자향(文字香)과 서권기(書卷氣)가 들어 있지 않으면 능히 팔목(腕下)과 손끝(指頭)으로 나타나지 않는다."

隷法非有胷中淸高古雅之意 無以出手 胷中淸高古雅之意
又非有胸中文字香書卷氣 不能現發於腕下指頭

그러면서 또한 당대 예서의 대가로 손꼽히는 송하옹 조윤형(松下翁 曹允亨 1725~1799)과 기원 유한지(綺園 兪漢芝 1760~1834)에 대한 비판도 빠뜨리지 않았다.

"근일에는 조지사(曹知事 조윤형), 유기원(兪綺園 유한지) 같은 제공(諸公)은 모두 예서 쓰는 법에 깊이가 없으니, 다만 문자기(文字氣)가 적은 것이 한탄스럽기 그지없다."

近日如曺知事兪綺園諸公 皆深不隷法 但少文字氣 爲恨恨處

'문자기(文字氣)가 적다'는 말은 소위 '문자향(文字香)과 서권기(書卷氣)'가 적다는 뜻이다. 추사의 뜻을 정확히 알 수는 없지만, 쉽게 말하자면 책을 많이 읽지 못해 글씨에 깊이가 없다는 의미일 것이다.

조지사(曺知事)는 바로 조윤형을 지칭한다.

조윤형은 1766년(영조 42년) 처음 벼슬길에 나간 뒤 1781년(정조 5년) 선공감주부가 되었으며, 1784년 예조정랑을 역임했다. 이어서 선공감부정(繕工監副正)을 거쳐 보덕(輔德)이 되어 책례도감상례(册禮都監相禮)를 겸했으며 안악군수·광주목사(廣州牧使) 등 3현·2군·1목의 수령을 역임하고 돌아와 1791년 호조참의, 1797년에는 지돈녕부사(知敦寧府事)가 되었다. 그림과 글씨에 능했는데, 풀(草)·괴석·대나무 등의 묵화를 잘 그려 당시 사대부들의 존경을 받았다.

이 때문에 위로는 대신들로부터 아래로 관아의 하급관리에 이르기까지 누구나 그의 글을 얻으려 했을 정도였다. 그는 일찍이 정조 어진(御眞)의 표제를 썼으며, 사도세자의 묘소 현륭원의 지문(誌文)을 썼고, 어머니 혜경궁의 장수를 기원하며 화성행궁에 지은 봉수당의 현판을 쓰는 등 정조에게서 최고의 명필로 총애를 받았다. 참으로 기가 막힐 일은 조윤형이 추사가 평생 존경했던 자하 신위의 장인이었다는 점이다.

추사의 외가는 명필을 많이 배출한 노론 명문인 기계 유씨(杞溪 兪氏) 가문이다. 그래서 추사가 어릴 때 글씨를 잘 쓰는 것을 보고 어른

조윤형이 쓴 화성행궁의 현판, '봉수당'

潜然爲之銘銘曰
此故三清僊曹劉一之之
藏後之人莫或覬傷
原任吏曹判書三館大提
學奎章閣提學李晚秀撰
杞溪俞漢芝書

崇禎紀元後四癸酉四月
日

이만수(李晚秀)가 짓고 유한지가 쓴 유광진(劉匡鎭)의 묘비명. 동혼재 소장

들이 외탁했다고 했다. 함경도관찰사를 지낸 유한소(兪漢蕭)가 추사의
외증조부이고, 문장과 서예로 유명한 유한준(兪漢雋), 유한지는 유한
소의 4촌, 6촌 형제이다. 앞에서 추사가 문자기가 없다고 혹평한 유한
지는 또 놀랍게도 바로 추사 외증조부 유한소의 6촌 아우였다.

명필 이광사를 작심하고 비판

추사에게 가장 가혹하게 매도를 당한 서예가는 아마 원교 이광사일
것이다. 앞서 일부 설명한 바 있지만 이광사는 왕희지 글씨를 바탕으
로 조선화한 서체를 발전시켰고, 옥동 이서, 공재 윤두서에서 백하 윤
순으로 이어지는 동국진체를 계승하여 조윤형으로 이어준 명필 중의
명필이다.

추사는 제주 유배 중에도 당대 서예 최고의 이론서인 원교 이광사
가 쓴 《원교필결(員嶠筆訣)》에 대해 "자세하게 분석한 것 같으나 가장
말이 안 되는 소리"라며 작심하고 날카롭게 지적했다. 그는 이광사의
서론을 논박하면서, 그가 당(唐)·송(宋)의 글씨를 공부하지도 않았고
북비(北碑)나 한예(漢隸)도 모르면서 왕희지로 접근해가려는 망령을 부
리고 있다고 《서원교필결후(書員嶠筆訣後)》에서 비판했다.

"그는 천품이 남달리 뛰어나 재주는 있으나 배우지 못했으니, 배우지 못
한 것은 그의 잘못이 아니다. 고금의 법서와 선본을 얻어 보지 못하고 또
대가(大家)에게 나아가 가르침을 받지도 못했으며 다만 남다른 천품만 가
지고서 그 거만하고 오만한 견해만 내세우며 제대로 판단도 할 줄 모르

니······."

其天品超異 有其才 而無其學 無其學 又非其過也 不得見古今法
書善本 又不得就正大方之家 但以天品之超異 騁其貢高之傲見 不
知裁量······

이광사는 추사보다 이미 80여 년 이전에 태어났고 추사가 세상에
나오기도 전에 세상을 떠났음에도 이렇게 험한 말로 공격하고 있다.

그러나 지금까지 전해오는 자료들을 보면 이광사는 추사의 폄훼와
달리 당·송의 글씨와 북비, 한예에 대해 폭넓은 지식을 가지고 있었
다는 것을 알 수 있다. 그러니 추사의 이러한 지적은 비판을 위한 비
판에 지나지 않는다는 후세의 평가를 받고 있다.

그럼에도 추사가 이렇게 비판한 이유는 아마 이광사가 소론이며 양
명학자이기 때문인 것으로 짐작될 뿐이다.

백파 스님이 노망난 것이라고 비판

추사는 고승을 두고도 날선 비판을 서슴없이 던졌다.

고창 선운사의 백파 스님이 불교 중흥을 위해 선(禪)으로 돌아가야
한다고 주장하며 《선문수경(禪文手鏡)》을 쓰자 대흥사의 초의가 이에
반발하면서 논쟁이 일어났다.

이 논쟁에 제주에서 유배 중이던 추사 김정희가 끼어들었다. 1843
년, 58세의 추사는 77세 노승 백파의 논지가 잘못되었음을 조목조목

원교 이광사의 초서. 당나라 초서의 대가 장욱(張旭 675~750 추정)이 광초(狂草)로 쓴 《고시사첩(古詩四帖)》을 자신의 필의로 운용하여 쓴 작품이다. 동혼재 소장.

원교의 이 작품만 보더라도, 그가 추사의 논지와 달리 당나라 광초에 이르기까지 서예 전반에 걸쳐 얼마나 폭넓게 이해를 하고 있었는지 알 수 있다. 이 작품을 보면 원교는 심지어 여러 글자에서 장욱과 그 해석을 달리하고 있다.

초서에 관심이 깊은 독자를 위해 부득이 탈초(脫草 : 초서체를 정자체로 바꾸는 작업)를 싣는다.

東明九芝蓋 北燭五雲車 飄飄入倒景 出沒上煙霞
春泉下玉霤 青鳥向金華 漢帝看桃核 齊侯問棘花
應逐上元酒 同來訪蔡家 北闕臨丹水 南宮生絳雲
龍泥印玉策 大火練真文 上元風雨散 中天歌吹分
虛(駕)千尋上 空香萬裏聞。
謝靈運王子晉贊
淑質非不麗 藉之亦多年 儲宮非不貴 豈若上登天
王子復清曠 區中實譁囂 喧既見浮丘公 與爾共紛繙
巖下一老公 四五少年贊 衡山朵藥人 路迷糧亦絕
過息巖下坐 正見相對說 一老四五少 仙隱不別可
其書非世教 其人是賢哲 圓喬

반박하다 못해 나중에는 백파 망증 15조(辨妄證十五條例)를 써 보냈는데 이 내용은 백파가 노망든 증거가 15가지나 된다는 것이다. 추사는 오만방자하고 상식을 넘은 표현을 써서 백파를 비난했다. 예를 들어 이런 식이었다.

"이제 또 스님의 이론이 이와 같은 것을 보니 선문의 모든 사람들이 예부터 거개가 다 무식한 무리들뿐이라 더 이상 이렇고 저렇고 따지는 것이 철부지 어린애 떡 다툼하는 것 같아 도리어 부끄럽구나. 이것이 스님이 노망이 든 증거이다."

"불교와 유교를 비유하는 것은 하늘과 땅을 모르고 날뛰는 격이다."

그 글을 받은 백파는 "허~, 이 사람 반딧불로 수미산 태울 사람이구먼!" 하며 더 이상 대꾸도 하지 않았다고 전한다. 백파에 대한 도를 넘는 이러한 비난은 추사가 초의와 나눈 우정으로 편을 들어 쓴 것일 뿐, 어떤 깊은 불교지식을 가지고 쓴 것이 아니라는 후세의 평가도 받고 있다.

이후 제주 유배에서 풀려난 추사는 그날의 지나침을 후회하는 의미로 선운사를 찾아가 '화엄종주백파대율사'라는 비문을 쓰고 비석의 글을 썼다고 한다. 그러나 이 글씨는 청명 임창순*을 비롯한 서가로부

* 임창순은 한학자요 금석학자다. 한학을 익힌 뒤, 평생 독학으로 학문연구에 진력했다. 한학 · 금석학 · 서지학 · 서예 등 한국 전통문화에 통달했다. 호는 청명(靑溟), 성균관 대학교 부교수(1956~1962)를 지내고, 1963

터는 추사의 친필로 인정받지 못했다. 추사가 과연 백파에게 사과는 한 것일까?

야만인들의 땅, 제주

추사가 만난 제주도는 그가 그토록 보고 싶어 한 요임금 때의 허유가 은거했던 '영수(潁水)의 물가처럼, 창 앞에 산봉우리가 파노라마로 펼쳐 있고 잠자리 아래 샘물이 흐르는(居士潁尾 獲邃如願 窓中列峀 枕下流泉)●' 아름다운 곳이었다. 그러나 "산 중의 재상이요, 신선의 복지(山中宰相 神仙福地)"라고 표현한 제주에서 그가 마주한 풍토와 인물에 대하여 앞서 언급했던 권돈인에게 보낸 편지 속에 이렇게 썼다.

> "이곳의 풍토와 인물은 개간되지 않은 황무지와 같아서 그 아둔하고 무지함이 '저 고기 잡는 미개인'●과 하이족(蝦夷族)●과 다를 바가 없습니다. 그래도 그들 중에는 뛰어난 인재가 있기는 하지만 그들이 읽은 것도《통감(通鑑)》,《맹자》두 종류의 책에 불과할 뿐입니다."

此中風土人物 天荒尙未闢破 椎魯無知 卽何異於魚蠻蝦夷 其中亦有秀拔超倫之奇 其所讀 不過通鑑孟子兩種書而已

년 태동(泰東) 고전 연구소장이 되었다. 당대 최고의 한학자라 할 수 있다.
● 영수(潁水) 물가처럼 창 앞에… … :《완당전집》의〈권돈인에게 준 편지〉에 나온다.
● 고기 잡는 미개인이란 원문의 '어만(魚蠻)'이다. 소동파의 시〈어만자(魚蠻子)〉에서 온 말이다.
● 하이족(蝦夷族)이란 원래는 일본 동북 지방 및 북해도 이북 지역에 살던 아이누족을 이르는 말로 야만인이라는 뜻으로 썼다.

추사가 유배를 오기 오래전인 1520년(중종 15년)에 충암 김정(沖菴 金淨 1486~1520)이 제주에 유배되어 왔고, 1534년(중종 29년)에는 당대의 석학 규암 송인수(圭菴 宋麟壽 1499~1547)가 제주목사로 재임했다. 1601년(선조 34년)에는 청음 김상헌(淸陰 金尙憲 1570~1652)이 안무사로 왔고, 1614년(광해군 6년)에는 동계 정온(桐溪 鄭蘊 1569~1632)이, 1689년(숙종 15년)에는 우암 송시열(尤庵 宋時烈 1607~1689)이 이곳에 유배되는 등 많은 유배객과 학덕이 높은 관리들이 이곳에 와서 이 땅에 학문의 뿌리를 내렸다. 그리고 이들을 기리기 위해 몇 차례에 걸친 이전과 중수를 거쳐 '오현단(五賢檀)'도 세워졌으며, 이들의 영향으로 나름대로 향교를 통한 교육이 이루어지고 있었다.

그러나 추사의 시각에서 제주의 풍토와 인물은 야만인의 상태와 다름이 없었다. 유배 말엽에 추사가 제주감사 장인식에게 쓴 글에서, 추사는 그가 만난 제주의 지식인에 대해 "평소 견문이 옛 삼가 촌락의 '도도평장'에 지나지 않았다(其平日見聞 不出此三家村 都都平丈耳)"고 평했다. 즉《논어》에 나오는 욱욱호문(郁郁乎文)● 조차도 제대로 읽지 못하는 궁벽한 시골의 서생과 다름없다고 사정없이 매도한 것이다. 물론《완당전집》에는 박혜백(朴蕙百), 이시형(李時亨), 홍석호(洪錫祜) 등 제주 시절 추사의 제자들도 언급되어 있다. 그러나 유배 생활 내내 특별한 애정 속에 살갑게 배웠고, 해배되어 떠난 이후에도 계(契)를 만들

● 욱욱호문(郁郁乎文) :《논어》의 〈팔일편(八佾篇)〉에서 공자는 "주나라는 2대(하나라, 상나라)를 볼 수 있으니 찬란하고 찬란하구나, 그 문화여. 나는 주나라를 따르리라(子曰, 周監於二代 郁郁乎文哉 吾從周)"라고 했다. '郁郁乎文'을 초서로 쓰면 '도도평장(都都平丈)'과 비슷하다. 여기서 추사는 제주도의 지식인이 학문의 기본인《논어》조차도 제대로 읽지 않은 정도의 수준이라고 무시하여 말한 것이다.

어 다산 집안과 지속적으로 교류했던 강진 유배 시절 다산과 그 제자들과는 인간적 관계가 확연히 달랐음을 알 수 있다.

평생 허물로 남은 추사의 우월의식

앞에서 살펴보았듯이 유배지에서조차 추사는 평생토록 계급적 신분주의와 지적 우월감에서 벗어나지 못했다. 심지어 그가 유배 8년째인 1848년에 쓴 편지 〈상우에게(與佑兒)〉에서는, 평생토록 그를 섬기며 학문과 예술을 닦고 나중에는 그의 심복이라는 죄명으로 유배까지 떠나는 최고의 제자 우봉 조희룡(又峯 趙熙龍 1789~1866)을 문자의 기운(文字氣)이 없다고 폄훼하기도 했다. 이 글에서 추사는 조희룡 무리, 즉 '배(輩)'라는 표현까지 서슴없이 사용하면서 중인인 그와 출신 성분의 선을 명확히 긋고 있다.

  "조희룡 같은 무리는 나에게 난 그리는 법을 배웠으나 끝내 그림 그리는 법 한 가지에서 벗어나지 못했으니, 이는 그의 가슴 속에 문자의 기운이 없기 때문이다."

  如趙熙龍輩 學作吾蘭 而終未免畵法一路 此其胸中 無文字氣故也

  추사를 흠모하는 사람들이 어떠한 논리로 그를 비호한다고 하더라도, 이러한 표현은 인격적인 모욕에 가깝다는 것을 인정할 수밖에 없

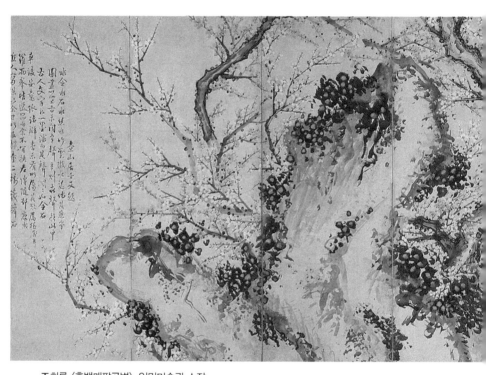

조희룡 〈홍백매팔곡병〉, 일민미술관 소장

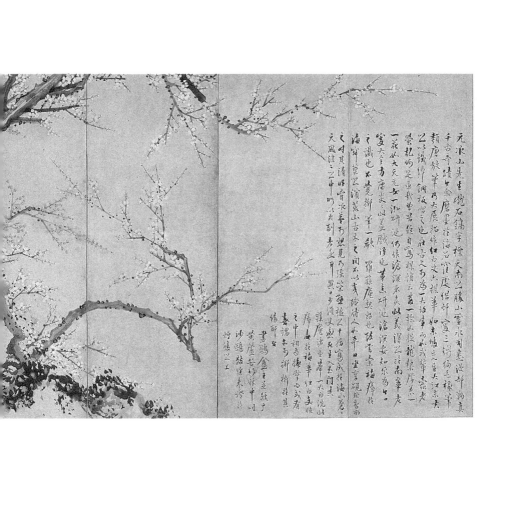

추사의 제주 유배 시절(1840. 9~1848. 12)을 함께한 사람들

소치 허련(小痴 許鍊) : 1차 1841년 2월~6월

　　　　　　　　　　　　 2차 1843년 7월~1844년 봄

　　　　　　　　　　　　 3차 1847년 봄~1848년 8월

초의 선사 : 1843년 봄부터 6개월간

자기 강위(慈屺 姜瑋) : 1846년 6월~북청 유배 시

우선 이상적(藕船 李尙迪) : 2차례 방문, 《황조경세문편(皇朝經世文編)》등 방대한 양의 책을 보내고 〈세한도〉를 받음.

이재 권돈인(彝齋 權敦仁) : 편지 수십 통을 교환하고 인삼 등 고급 약재를 보냄.

위당 신헌(威堂 申櫶) : 1843년 11월~1846년 11월. 전라우도 수군절도사로 부임하면서 다포(茶包)를 비롯한 생필품을 자주 보내는 등 추사를 보살핌.

나주목사(羅州牧使) : 성명 미상, 김치항아리 등을 보냄. 1844년경

제주목사 장인식(張寅植) : 1848년 3월~ 편지 수십 통을 보내고 달마다 물품을 보냄(月禮).

아들 상무, 상우 : 수시 방문

하인 : 봉(鳳), 철(鐵), 갑쇠(甲金), 용손(龍孫), 무쇠(戊金), 안(安)이, 성노(聖奴), 양예(梁隷), 차예(車隷), 가예(假隷), 경득(庚得) 등 10여 명이 연이어 와서 추사의 수발을 들었음.

제주 제자 : 강사공(姜師孔), 박혜백(朴蕙百), 허숙(許琡), 홍석호(洪錫祜) 등 10여 명이 수시로 추사를 방문함.

그 외 : 구성업(具聖業), 정원종(鄭元種) 등이 추사를 방문함.

을 것이다. 조희룡은 조선시대 말기 화단을 화려하게 장식한 화가로 지금까지도 많은 작품이 전해지고 있으며, 시집 《우해악암고(又海岳庵稿)》를 남긴 뛰어난 시인이기도 하였다. 특히 필사본으로 전하는 그의 저서 《호산외사(壺山外史)》를 통해 김홍도·최북·임희지 등의 인생과 행적을 기록한 전기작가이자 평론가였다는 사실도 알 수 있다.

역설적이게도 추사와 연좌에 걸려 겪게 된 1년 6개월간의 임자도 유배 생활 동안 조희룡 역시 〈홍백매팔곡병〉을 비롯한 많은 걸작과 《화구암난묵(畫鷗盦讕墨)》과 같은 다양한 저술을 남겼다.

그러한 그를 조선 서화의 감식과 평가에 있어 최고의 권위자였던 위창 오세창(葦滄 吳世昌 1864~1953)은 당대의 서화를 대표하는 '묵장의 영수'로 손꼽는 데 주저하지 않았다.

추사가 이렇게 다른 사람을 과하게 깎아내리고 필요 이상으로 비판하기는 했지만, 그렇다고 추사의 예술혼과 실험정신까지 매도할 필요는 없을 것이다. 추사는 그 이전 서풍과는 전혀 다른 독보적인 자신의 예술세계와 작품을 만들어냈다.

제주와 추사체

혹자는 추사가 유배지에서 느꼈던 지독한 외로움이 추사체의 완성으로 나타났다고 하지만 유배 기간 중 추사를 찾은 사람들의 기록을 보면 추사가 외로움을 느꼈을 만한 기간도 별로 없었던 것 같다. 그의 유배 시절을 함께한 인물들의 이야기가 역사적 기록 곳곳에 나타나고 있기 때문이다.

조선의 형벌체계는 명나라 '대명률'을 기본으로 하면서 조선의 실정에 맞추어 '오형(五刑)'으로 시행되었다. 작은 회초리로 때리는 태(笞), 큰 형장으로 치는 장(杖), 노역을 시키는 도(徒), 먼 곳으로 귀양을 보내는 유(流), 교수형 및 참수형의 사형(死刑)이 바로 그것이다.

유배는 오형(五刑)의 하나로, 사형까지는 시킬 수 없는 중죄인을 먼 곳으로 보내는 형벌이다. 여러 가지 유형이 있었는데, 간단히 말해 배(配) · 적(謫) · 방(放) · 찬(竄) · 사(徙) 등이 그것이다. 보통 우리가 귀양이라고 하는 것은 정배(定配) · 부처(付處) · 천사(遷徙)● 그리고 안치(安置) 등을 일컫는 말이다.

여기서 안치는 죄인을 일정한 곳에 가두어 두는 것을 의미하는데, 왕족이나 고위관리 등에게만 적용한 유배형으로 거주지가 강제로 제한되었다. 두문불출(杜門不出)이라는 말이 바로 여기서 나왔다. 안치를 당한 죄인은 원칙적으로 처와 첩과는 동거할 수 없고, 결혼하지 않은 자녀와 동거할 수 없으나, 부모와 결혼한 자녀에게는 상봉이 허락되었다.

안치 중 '천극안치(荐棘安置)'는 죄인이 기거하는 방 둘레에 탱자나무 가시를 둘러쳐 바깥출입을 제한하는 가장 가혹한 형벌이며, 그 다

● 정배(定配)란 일정한 기간 동안 섬 등 오지로 보내어 감시를 받으며 살게 하는 것을 말한다.
부처(付處)는 '중도부처'라고도 하며 중죄인이 아닐 때 지방관이 유배지를 정해주어 머물게 하던 것을 말한다.
천사(遷徙)는 '고향에서 천 리 밖으로 내쫓는 일(遷離鄕土千里外)'에서 온 말이다.

음으로 엄한 형태는 위리안치(圍籬安置)인데 집 둘레에 탱자나무 가시를 둘러치는 것이고, 그다음으로는 육지에서 멀리 떨어진 섬으로 보내는 절도안치(絶島安置)이다.

김정희에게 내려진 형벌은 위리안치와 절도안치 두 가지를 다 겸한 혹독한 것이어서, 일정한 지역을 정해두고 그 안에서 이동의 자유를 보장한, 정약용의 주군안치(州郡安置)와는 확연히 달랐다.

추사의 귀양살이 형편을 묻는 헌종의 물음에 소치는 이렇게 답했다.

"소신이 목격한 것을 어찌 감히 자세히 아뢰지 않을 수 있겠습니까. 탱자 울타리로 둘러친 집의 도배도 하지 않은 방에서, 북쪽으로 나 있는 창 아래 꿇어앉아 아(丫)자 모양의 작은 나무에 몸을 의지한 채 밤낮으로 마음 편히 자지도 못하고● 있으며, 밤에도 늘 등잔불을 끄지 못합니다. 숨이 경각에 달려 있어 얼마 견디지 못할 것 같습니다."

小臣之目擊 敢不詳陳 圍籬之內 壁無塗紙 長跪向北窓下 以丫叅小木支軀 晝夜暇寐 從以夜不滅燈 奄奄氣息 似可朝暮難保矣

－《소치실록》 중에서

추사의 유배 생활에 대해 말하는 대부분의 사람들이 극도의 외로움과 고달픈 생활로 묘사하고 있는 근거는 바로 여기서 출발한다. 그러

● 마음 편히 자지도 못하고 : 원문의 가매(暇寐)는 가매(假寐)의 오류인 것으로 생각된다.

나 사실 이것만으로 추사의 제주 유배 생활을 단정하는 것은 무리가 있다. 왕의 질문에 대한 소치의 답은 죄인의 몸으로 유배 중인 사람의 정황을 설명하는 데 있어서 이미 '정답이 정해져 있는, 상투적인 증언'에 불과한 것이었다. 실제로 절도에 위리안치 되었다고 하더라도 가문의 영향력이 건재하거나 향후 정계의 복귀 가능성이 있는 사람에 대한 예우는 다를 수밖에 없었다. 유배처도 사람 사는 곳이니 실력과 배경이 있는 자들에게는 유배 내용도 특별할 수밖에 없었던 것이다.

추사가 유배길에 오른 1840년 12월에 이르러 경주 김씨에게 극도의 반감을 드러낸 순원왕후의 수렴청정이 끝났고 헌종의 친정이 시작되었다. 게다가 추사의 오랜 지기로 헌종의 어머니인 신정왕후의 숙부인 조인영은 우의정을 거쳐 영의정에 올랐고, 또 한 사람의 절친한 벗 권돈인은 이조판서를 지내고 정승의 자리로 올라서 있었다. 당시에 추사 주변에서 일어나고 있는 이러한 후원그룹의 변화를 모르는 사람은 없었을 것이다.

추사와 수선화

1828년, 평안도 관찰사인 아버지를 따라 평양에 와 있던 43세의 추사는 중국에서 돌아온 사신에게 수선화를 받아 고려청자 화분에 정성스럽게 심어 다산에게 보냈다.

유배지에서 돌아온 지 10년을 맞고 있었던 다산은 여전히 왕성한 집필 의욕을 불태우고 있었다. 이 수선화는 벗의 아버지이며 당대 최고의 천재 지식인에게 추사가 보낸 흠모의 마음과 존경이 가득 담긴

강요배 그림, 〈제주도 수선화〉, 동혼재 소장

추사의 유배지 근처에는 해마다 봄이면 여기저기 토종 수선화가 만발한다. 수선화는
제주도 야트막한 산과 들에서 매우 흔하게 볼 수 있다. 제주사람들은 수선화를 말들이
먹는 마늘이라 하여 '몰마농'이라 불렀다고 한다. 필자는 추사의 유배지를 방문하던 길
에 제주 향토 화가인 강요배의 집을 방문하여 토종 수선화 구근을 얻어왔다. 그리고
한참이 지난 후 그가 그린 수선화를 구하여 서재에 걸고, 유배지에서 수선화에 대해
각별한 애정을 보인 추사를 떠올렸다.

선물이었다. 수선화를 받은 다산은 감동했다. 그는 경상도 장기 유배 생활 중에 중국 사신을 다녀온 이기양(李基讓 1744~1802)으로부터 수선화를 받고 시를 지었던 일을 떠올리며 깊은 감회에 젖었다.

그리고 그 고마운 마음을 "늦가을에 벗 김정희가 향각에서 수선화 한 분을 부쳐 왔는데 그 화분은 고려청자였다(秋晚 金友喜香閣 寄水仙花 一本 其盆高麗古器也)"라는 부제(副題)를 붙여 참으로 아름다운 시 한 수에 담았다. 이 시가 추사에게 전해졌는지는 알 수 없지만, 이 일은 다산과 추사 사이에 있었던 아주 드문 교류 중 한 예로 기록되어 있다.

여기서 다산이 자신의 아들 친구인 추사를 자신의 벗으로 호칭한 것을 보면 다산의 다정한 성품과 조심스러움을 함께 느낄 수 있다. 일찍이 "겨울에는 개울을 건너듯 조심하고 신중하기를 사방의 이웃을 두려워하듯 하라"는 뜻으로 당호를 여유당이라고 하지 않았던가.

이 시는《여유당전서》에 실려 전한다.

> 신선의 풍채, 도인의 골격을 갖춘 수선화
>
> 30년이 지나서 나의 집에 이르렀다.
>
> 복암• 노인이 일찍이 사신 길에 가지고 왔었는데
>
> 추사가 지금 대동강가 관아에서 보냈네.
>
> 외딴 마을 두메산골에서는 보기 드문 것이니
>
> 처음 보는 것을 앞에 두고 다투어 떠드네.

• 복암 노인 : 원문의 복로(茯老)는 이기양으로 조선 후기의 학자이자 천주교인이다. 이기양의 호가 복암(茯菴)이므로 그를 높여서 이른 말이다.

어린 손자는 애초에 억센 부추 이파리라 하고

앳된 여종 철 이른 마늘 싹이라며 깜짝 놀란다.

흰 꽃잎 푸른 잎새 마주하고 서 있으니

옥 같은 골격 향기로운 살결 절로 묻어나고

맑은 물 한 사발에 바둑알 몇 개 같은 모습

잡티 하나 섞이지 않았는데 무엇을 마시는가.

시진●의《본초강목》과 부옹의 시에서

지나치게 왜곡된 표현을 대하니 슬프기 그지없네.

진흙에 뿌리내린 걸 더러운 데 처했다 하고

기름진 땅에 꽃피우니 습한 곳 좋아한다 하였구나.

비로소 알았네. 대은(大隱)●은 때로 저자에 숨어도

검은 물●도 들지 않고 닳지도 않는다는 것을.

仙風道骨水仙花

三十年過到我家

● 시진은 명나라 때의 의학자인 이시진(李時珍)을 말하고, 부옹(涪翁)은 송나라 때의 문장가인 황정견(黃庭堅)의 호이다. 이시진이 저술한 《본초강목(本草綱目)》에 수선화는 비습(卑濕)한 땅에서 잘 된다 하였고, 황정견의 시 〈차운중옥수선화(次韻中玉水仙花)〉에는 "진흙 속에서도 흰 연꽃을 피울 줄 알고, 더러운 땅에서도 황옥화를 피우는구려(淤泥解作白蓮藕 糞壤能開黃玉花)"라고 하였다.

● 대은(大隱)은 중은(中隱)이나 소은(小隱)과 달리 참으로 크게 깨달아 환경에 구애받지 않고 절대적인 자유를 누리는 은자(隱者)를 말한다. 진(晋)나라 '왕강거(王康琚)'의 〈반초은시(反招隱詩)〉에 "소은은 산속에 숨고 대은은 저자 거리에 숨는다(小隱隱陵藪 大隱隱朝市)"라는 시구가 있다.

● 검은 물도…… : 원문의 치린(緇磷)은 《논어》 '양화(陽貨)'에 공자가 말하기를 "아무리 갈아도 얇아지지 않으니 견고하다고 해야 하지 않겠는가. 아무리 물을 들여도 검어지지 않으니 결백하다고 해야 하지 않겠는가(不曰堅乎 磨而不磷 不曰白乎 涅而不緇)"에서 온 말이다.

茯老曾携使車至

秋史今移洹水衙

窮村絶峽少所見

得未曾有爭喧譁

稗孫初擬薤勁拔

小婢翻驚蒜早芽

縞衣靑帔相對立

玉骨香肌猶自浥

淸水一盌碁數枚

微塵不雜何所吸

時珍本草涪翁詩

厚誣直欲臨書泣

糞泥托根云處汚

肥土開花稱好濕

始知大隱時隱市

猶自緇磷不相入

　　그리고 10여 년의 세월이 지난 후 50대 중반을 훌쩍 넘긴 나이로 제
주에 유배를 온 추사의 눈에 밟힌 것은 산과 들에 지천으로 널려 있는
수선화였다. 그런데 당시 제주 사람들은 이렇게 귀한 꽃을 원수 보듯
파버리며 소와 말 먹이로 삼고 있었다.

　　추사는 유배 생활 초기에 벗 권돈인에게 보낸 편지에 이렇게 썼다.

수선화(水仙花)는 과연 천하에 장관을 이루고 있습니다. 강절(江浙) 이남 지역은 어떤지 모르겠습니다마는 여기는 마을마다 한 치, 한 자쯤 되는 땅에도 이 수선화가 없는 곳이 없습니다. 이 꽃은 정월 그믐, 2월 초에 피어서 3월에 이르러서는 산과 들, 밭이랑 여기저기에 마치 흰 구름이 아득히 깔려 있는 듯, 흰 눈이 드넓게 쌓여 있는 듯합니다.

水仙花果是天下大觀 江浙以南 未知如何 此中之里里村村 寸土尺地 無非此水仙花
其開在正晦二初 至於三月 山野田壟之際 漫漫如白雲 浩浩如白雪

이어서 추사는 그 아름답고 귀한 자태에도 불구하고 짓밟히고 뽑혀나가는 수선화를 보며 정치권력에서 내쳐져 절해고도로 유배 온 자신의 처지를 투영시키고 있다.

원주민들은 이것이 귀한 줄도 모릅니다. 소나 말이 뜯어먹다가 짓밟아버리기도 하며, 보리밭에 많이 피어난 까닭에 마을의 장정이나 동네 아이들이 호미로 줄곧 파버리지만, 호미로 파내도 또다시 자라나기 때문에 원수보듯 하고 있습니다. 사물이 제자리를 얻지 못한 것도 이와 같습니다.

土人則不知貴焉 牛馬食齕 又從以踐踏之 又其多生於麥田之故 村丁里童 一以鋤去 鋤而猶生之故 又仇視之 物之不得其所 有如是矣

《완당 탁묵(阮堂 拓墨)》의 표지와 그 안에 수록된 〈수선화부〉, 동혼재 소장

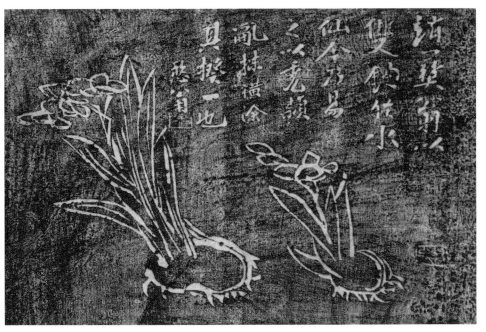

《완당 탁묵》의 표지에 "문하생 소치 허련이 공경하는 마음으로 모각하였다(門下 小痴 許練 恭摹)"라고 새겨져 있어 추사의 작품을 소치 허련이 모각한 것임을 알 수 있다.

추사는 뿌리까지 드러난 수선화를 처량하게 그린 다음 화제를 쓰고, 청나라 호경(胡敬)의 〈수선화부(水仙花賦)〉에, 남송 주밀(周密)과 원나라의 조맹견(趙孟堅), 탕후(湯后), 그리고 명나라 동기창(董其昌)의 명문장들을 약간 변형시켜 옮기면서 자신의 시를 보태어 수선화 법첩을 만들었다.

중국 원나라의 조이재(趙彝齋 趙孟堅)가 쌍구법*으로 수선화를 그렸는데, 지금은 몽당붓으로 바꿔서 되는 대로 그렸으나 그 법도는 한 가지다.

감옹(憨翁)*

趙彝翁以雙鉤作水仙 今乃易之以禿穎 亂抹橫涂 其揆一也 憨翁

바다로 둘러싸인 사백 리 섬마을에

온통 수선화 만발했네.

세 성씨*가 나온 이래

지금에야 피어나네.

질그릇 단지 속 수백 가지

한꺼번에 피어나니

● 쌍구법(雙鉤法)은 원래는 운필법(運筆法)의 하나로 엄지손가락 · 집게손가락 · 가운뎃손가락으로 붓대를 걸쳐 잡고 약손가락으로 받쳐 쥐는 방법을 말하나, 여기서는 동양화법의 하나로 가늘고 엷은 쌍선(雙線)으로 윤곽을 그린 다음, 그 사이를 채색하는 화법을 말하는 듯하다.

● 감옹(憨翁)은 추사의 별호이다.

● 제주도에 삼성혈(三姓穴)이 있는데 고(高) · 부(夫) · 양(梁) 세 성의 시조가 나온 곳이다.

추사의 시

비록 등위향설해(鄧尉香雪海)●라 한들

이보다 더할 수 있으랴.

　　　　　　　　　　　　나수(那叟)●가 짓고 쓰다.

環瀛一島四百里

都是水仙花

三姓以來

今始發之

● 소주(蘇州) 서남쪽에 위치한 등위산(鄧尉山)은 예로부터 매화로 유명하여 '등위매화갑천하(鄧尉梅花甲天下)' 또는 '향설해(香雪海)'로 일컬어졌다.

● 나수(那叟)는 추사의 별호이다.

瓦甁中供數百枝

一時竝開

雖鄧尉香雪海

何以過之

那叟竝記

이 법첩은 목판본으로 인쇄되어 여러 번 출간되었기 때문에 지금도 그리 어렵지 않게 발견할 수 있다.

위리안치라고 했지만 사실 추사는 유배 초기부터 제주 여러 곳을 답사하여 삼별초(三別抄)의 유적지를 찾기도 하고 종종 한라산을 오르기도 했다. 그리고 한라산에서 감로수(甘露水)를 발견하고는 멀리 가져갈 길이 없어 보내지 못하는 안타까움을 권돈인에게 보내는 편지에 썼다.

> "이곳에는 감로수가 있어…… 마치 유천(乳泉)과 같고 단맛은 마치 상품의 석밀(石蜜)과 같아 차가우면서도 향기가 있는데…… 멀리 가져갈 길이 없어 보내지 못하니 매우 한탄스럽습니다."

> 此中有甘露水…… 如乳泉 甘如石蜜之上品 淸冽有香…… 無遠致之道 不得仰呈 極可歎耳

제주목사

추사가 드러내놓고 말하지는 않았지만, 권돈인에게 보낸 수십여 통의 간찰들을 보면 추사가 유배지에서 어느 정도 대우를 받고 있었음을 짐작하고도 남는다. 소위 절도 위리안치에도 불구하고 추사의 적거지에는 여러 다양한 계층의 사람들이 끊이지 않았으며, 가족은 물론 많은 제자들과 지인들, 심지어 그를 감독해야 할 제주목사까지 발 벗고 나서서 그에게 학문과 생활의 편의를 제공했다.

　유배 초기에 제주목사 구재룡(具載龍)은 추사의 거처를 마련해주는 등 편의를 베푼 흔적도 보인다. 그 이후에 부임한 이원조(李源祚)에게 추사가 청하여 약 200년 전에 유배를 왔던 동계 정온(桐溪 鄭蘊)의 사당인 송죽사(松竹祠)와 유허비를 세우도록 한 일을 볼 때 유배지에서 추사가 받은 비정상적(?) 대우를 짐작하기란 그리 어렵지 않을 것이다.

　1843년에는 소치 허련이 이원조 후임인 이용현(李容鉉)의 도움으로 추사의 거처에서 수발을 들게 되었다. 그 후임 권직(權溭)이 권돈인의 일족이었던 점을 미루어볼 때 추사의 제주 유배 내내 제주목사들은 추사에게 호의적으로 대한 듯하다. 심지어 추사는 제주 유배 생활이 끝날 때까지 장인식과 열흘이 멀다하고 편지를 주고받으며 매달 생필품을 제공받았는데, 추사는 이를 '월례(月例)'라고 했다.

　"월례의 도움도 이미 넉넉한데, 특별히 생각하고 베풀어주신 여러 가지
　세궤(歲饋 : 연말에 올리는 세찬)를 받으니 생각지도 못한 지극한 마음이 담

겨 있음을 알 수 있었습니다. 나머지는 새해를 맞아 크게 길하시고 날로
높이 승진하기만 바랄 뿐입니다."

歲饋諸品 月儀旣盛 格外之嘉惠 不自意如是摯周也 餘祈餞迓大吉
指日高升

1848년 3월 22일, 끝이 보이지 않는 유배 생활을 하고 있던 추사는
새로 제주목사로 부임한 장인식에게 편지를 보냈다. 추사는 유배 중
장인식에게 많은 편지를 보냈는데, 이 편지는 지금까지 발견된 장인
식에게 보낸 편지 중에서 유일하게 발신 연월일이 정확히 기재되어
있으며, 그 내용은《완당전집》에도 수록되어 있다. 기록에 의하면 장
인식이 제주목사로 부임한 것은 1848년 3월 이후이다. 이 편지가 3월
22일에 쓰였고, 그 내용을 보면 추사는 이미 그 이전에 장인식이 보낸
편지에 답장을 썼으니 이 편지는 그 다음 편지인 것을 알 수 있다.

추사의 유배지에서 제주목 관아(濟州牧 官衙)가 있는 곳까지 당시로
는 하루가 걸려야 하는 거리임을 감안할 때, 장인식은 자신이 부임하
자마자 그 소식을 먼저 추사에게 보낸 것으로 짐작해도 무리는 아닐
것이다.

그리고 편지의 별지에 쓰는 내용은 사적인 청탁이나 요구 사항 등
이 일반적이므로 추사와 장인식의 여러 편지들을 통해 유추해볼 때,
추사는 보양을 위한 음식이나 약재 등을 부탁한 것으로 추측된다. 이
편지는 기약 없는 유배 생활 동안 추사와 제주목사의 관계를 적나라

추사가 제주목사 장인식에게 보낸 1848년 3월 22일자 편지. 프리마 뮤지엄 소장하게 보여준다.

장인식에게 보낸 편지에서, 추사는 장인식의 과분한 선물을 정기적으로 받으면서 감사의 뜻으로 관직에서 승진하기를 기원했다. 그러니 이 글 속에 장인식의 관직에 대한 암묵적 지원의 뜻이 숨겨져 있다고 봐도 그리 무리가 없을 것이다.

추사의 제주 유배는 일반적으로 생각하는 위리안치의 혹독한 형벌과는 그 내용이 달랐음을 알 수 있다. 물론 당시 도시의 최상류층을 구가하던 추사에게 제주 유배는 괴롭고 힘든 생활의 연속이 아닐 수 없었을 것이다. 또 다양한 인간관계를 주도하고 있던 감성적 성품의 추사에게 있어 고독은 보통 사람들보다 더 참기 힘든 어려움이었을 것이다. 게다가 추사는 노년에 낯선 풍토로 인한 잦은 질병에 시달려 끊임없이 고통을 호소했다.

> 비 한 번 내리고 바람 한 번 부는 사이에 시나브로 봄은 돌아가는 길을 재촉하여 녹음이 짙어가면서 꽃이 지는 것을 느끼게 되니, 아득한 마음만 이리저리 걷잡을 수 없습니다. 지난번 보낸 답장은 바로 받아보셨을 듯한데, 또 한 번 영감께서 날마다 정무를 보시며 한결같이 평안하게 복을 누리고 계시리라 생각됩니다. 관아의 일●은 나날이 익숙해져서 하는 일마다 바람직하니●, 온 섬의 굶주리고 목마른 자는 조금의 모자람도 없이 좌원방(左元放)●의 술을 마시겠지요. 송축하여 마지않습니다.

● 관아의 일 : 원문의 주묵(朱墨)은 주필(朱筆)과 묵필(墨筆)을 가지고 장부를 정리하는 것으로서, 보통 관청의 사무를 집행하는 것을 말한다.

저[•]의 병은 매양 날씨를 따라 변하여, 눈은 침침하고 기침은 더욱 심하여 괴로운 것은 노인이라면 당연히 겪는 일인데, 하물며 이 지경에 처해서는 장비뇌만(腸肥腦滿)[•]의 몸이라 할지라도 역시 당해내기는 어렵겠지요. 스스로 가련하기만 합니다.

나머지는 별지에 쓰며, 이만 줄입니다.

1848년 3월 22일 루륵(累泐) 올림

一雨一風 冉冉催春歸

已覺綠肥紅瘦 遠緖搖搖不自定

前覆似卽靑照 更惟日來令篆動履 一以晏福

朱墨日就爛熟套中去 件件入彀

一島之如飢如渴者 可使左元放之酒

無少虧欠歟 耿誦不能已

● 바람직하니 : 원문의 입구(入彀)는 과녁에 들어왔다는 뜻으로 적당하다는 의미이다. 당 태종(唐太宗)이 과거에 급제한 선비들이 열을 지어 나오는 것을 보고, "천하의 영웅이 모두 나의 구(彀) 가운데 들었구나" 하였던 데서 유래했다.

● 좌원방(左元放) : 좌자(左慈)는 동한(東漢) 여강인(廬江人)으로 자는 원방이다. 젊어서부터 신술(神術)을 지녀 일찍이 조조(曹操)의 좌상(座上)에 있을 때 조조가 송강(松江)의 노어(鱸魚)를 먹고 싶다고 하자 좌자는 소반에다 물을 담아오라고 하여 그 물에 낚시를 넣어 노어를 잡아내었다. 그리고 좋은 술을 찾자 맑은 물로 술을 만들었다고 한다. 《후한서(後漢書)》 '좌자전(左慈傳)'에 나온다.

● 저 : 원문의 누인(累人)은 귀양 온 사람이라는 뜻이다. 발신인으로 '루륵(累泐)'이라고 쓴 것도 같은 맥락이다.

● 장비뇌만(腸肥腦滿) : 기혈(氣血)이 왕성하여 기억력이 풍부하다는 뜻이다. "북제서(北齊書) 낭야왕열전(琅邪王列傳)"에 "곡률광(斛律光)이 말하기를 '낭야왕이 나이가 젊어서 장비뇌만하다'라고 했다"라고 한 데서 나온 말이다.

累病 每隨日候而消息

眼花與火嗽 一倍添苦 固老態之常

況於此境所撞着

雖腸肥腦滿 亦難抵得者耶 自憐自憐

餘在另具 姑不備狀式

戊申 三月 十二日 累泐 恐

　구한말의 유학자 김영한(金寗漢 1878~1950)은 《완당전집》의 서문에서 추사에 대하여 "군세며 모난 성품과 고결한 행실은 스스로 재주를 숨기거나 속세와 동조하지 못하며, 대중과 함께 진퇴하지 못하여 그 녹봉과 지위를 보전하지 못했다"고 썼다. 과연 그랬을 법하다. 추사는 '군세고 모나며 고결한(剛方 高潔)' 성품이 그의 서예를 방경고졸(方勁古拙)로 특징짓게 하는 서한시대 예서(隸書)의 구현으로 이어갔다는 긍정적인 평가로 연결되기도 한다. 하지만 결국 추사의 신분적, 지적 우

추사 유배 기간(1840년 9월~1848년 12월)과 겹치는 제주목사들의 재임 기간

구재룡(具載龍) : 1839년 3월~1841년 3월
이원조(李源祚) : 1841년 3월~1843년 6월
이용현(李容鉉) : 1843년 6월~1844년 8월
권직(權溭) : 1844년 12월~1846년 2월
이의식(李宜植) : 1846년 2월~1848년 3월
장인식(張寅植) : 1848년 3월~1850년 6월
– 김봉옥 《증보 제주통사》 중에서

월감은 인간성 면에서 관용의 미덕이 부족하게 된 치명적인 단점으로 작용했던 것도 부정할 수 없는 것이다.

실험 정신에서 비롯된 추사체와 금석학

한자 문화권에 속하는 나라가 다 그러했듯이 추사 이전 조선의 서예가 궁극적으로 추구하고자 했던 서풍(書風)은 중국 동진의 서예가 왕희지(王羲之 307~365)의 서체를 바탕으로 한 것이었다. 고사성어에 "쇠로 그은 듯하고 은처럼 구부러지는 것이 왕희지의 서법이다(鐵劃銀鉤 王羲之之書法)"라고 한 것에서 알 수 있듯이, 왕희지의 글씨는 형태와 정신을 갖추고 강함과 유연함이 공존하는 서예 정신의 결정체였다. 왕희지는 중국과 조선 사회를 포함하여 한자 문화권에 속하는 모든 나라에서 '서성(書聖)'으로 추앙받고 있었다.

고려 말부터 조선 초 안평대군, 박팽년 등에 이르기까지 조선 전기 서예가에게 절대적인 영향을 끼친 조맹부(趙孟頫 1254~1322)의 송설체도 그 바탕에 왕희지의 서풍이 총체적으로 녹아 있으며, 흔히 석봉체(石峯體)라고 일컫는 석봉 한호(石峯 韓濩 1543~1605)의 글씨도 왕희지의 글씨를 기본으로 삼은 것이었다.

또 조선 중기 이후 집권계층의 글씨인 우암 송시열(尤庵 宋時烈 1607~1689)과 동춘당 송준길(同春堂 宋浚吉 1606~1672)의 이른바 양송체(兩宋體)조차도 왕희지의 서체를 토대로 주자(朱子)와 당나라 안진경(顔眞卿)의 서풍을 가미한 것이다. 심지어 옥동 이서와 다산의 외증조부 공재 윤두서로부터 비롯된 동국진체는 왕희지의 서체를 골수 정통으로 삼

좌) 왕희지 〈난정서(蘭亭序)〉 동진(東晋) 정무탁본(定武拓本), 대만국립고궁박물관 소장
우) 왕희지 〈난정서(蘭亭序)〉 동진(東晋) 신룡탁본(神龍拓本), 북경고궁박물원 소장
왕희지의 필적은 위의 탁본을 비롯한 다양한 탁본으로만 전하고 있다. 그래서 추사는 왕희지 서
체의 진위 여부에 대하여 부정적인 입장을 강하게 나타내었다.
— 리림찬(李霖燦)의 《중국미술사》 중에서

고 있었다.

그러나 그때까지 전하는 왕희지의 진필은, 왕희지의 글씨를 좋아했던 당태종 이세민이 중국에 흩어져 있던 친필을 모두 모아 자신의 무덤에 넣어버렸기 때문에 남아 있는 글씨가 없다는 것이 정설로 전해져 왔으며, 왕희지의 필적이라고 전하는 것은 그 이후 다양한 탁본(拓本)을 저본(底本)으로 삼고 천 년이 넘는 긴 세월 동안 모각을 거듭하여 찍어낸 것이기 때문에, 그 필체의 원형이 훼손되어 진적(眞跡)으로 보기에는 문제가 있었다. 추사는 바로 이 사실에 주목하였다. 추사는 《잡지(雜識)》에 이렇게 썼다.

"요즈음 우리나라에서 일컫는 진체(晉體)•니 촉체(蜀體)•니 하는 서체들은 다 이런 것이 있다는 것조차도 모르면서 중국에서 이미 울타리 밖으로 내버린 것들을 가져다가 신성하게 여기고 규얼(圭臬)•처럼 받들며, '썩은 쥐를 가지고서 봉황을 위협하는(腐鼠嚇鳳)'는 격이니 어찌 가소롭지 아니한가."

近日我東所稱書家 所謂晉體蜀體 皆不知有此 卽取中國所已棄之

● 진체(晉體) : 왕희지의 글씨체를 말한다.

● 촉체(蜀體) : 조맹부(趙孟頫)의 글씨체를 말한다. 조맹부의 호를 따라 송설체라고도 한다. 촉체(蜀體)라고 한 것은 '동파 소식(東坡 蘇軾)'의 글씨에 영향을 많이 받은 글씨라는 데서 유래되었다. '성호 이익(星湖 李瀷 1681~1763)의《성호사설유선(星湖僿說類選)》〈기예문(技藝門)〉에는 "소식이 옛 촉(蜀) 땅에 살았으므로 그의 서체를 촉체라 한다"고 했다.

● 규얼(圭臬) : 규는 해시계를 말하며 얼은 표준을 가리킨다. 따라서 표준으로 삼는 것을 말한다.

전한(前漢)시대의 예서,
'노효왕각석(魯孝王刻石)',
BC 56년, 국립중앙박물관
《중국법첩》

笘籬外者 視之如神物 奉之如圭臬 欲以腐鼠嚇鳳 寧不可笑

그러면서 그는 "서예가가 반드시 왕희지, 왕헌지(王獻之) 부자(父子)를 기준으로 삼고 있지만 이왕(二王)*의 글씨는 세상에 전본(傳本)이 없으며 진적으로 보존된 것은 모두 합해도 백 자를 넘지 않는다"고 결론 지었다.

우리가 추사체라고 부르는 그의 글씨는 바로 수백 년 동안 어떠한 고증과 해석도 없이 맹목적으로 왕희지의 서풍을 답습하려고 노력해 온 조선 서예에 대한 비판과 새로운 서체의 구현을 위한 추사의 실험 정신에서 출발하고 있으니 추사야말로 진정한 예술가의 표상이라 할

● 이왕(二王) : 왕희지, 왕헌지 부자를 일컫는 말이다. '희헌(羲獻)'이라고도 불린다.

것이다.

추사는 이미 20대에 연경길에서 만난 청나라 고증학의 집대성자인 완원(阮元)*을 통해 고증학과 금석학 · 서체 등을 접하면서 큰 충격을 받았다. 그의 350여 개에 달하는 많은 호 중에서 30대 이후에 즐겨 사용한 완당(阮堂), 노완(老阮), 병완(病阮) 등의 호는 완원의 성(姓)에서 따온 것이라고 앞에서 이미 썼듯이, 그의 학문과 예술의 시발점에 완원의 영향은 거의 절대적이었다. 그 영향을 받아 1816년(순조 16년), 30세의 나이에 북한산 진흥왕순수비를 스스로 고증하여 밝혀내기도 했다.

우리가 흔히 추사체라고 이야기하는 전혀 새로운 이 글씨체는 추사의 금석학에 대한 학예적 성과가 가져온 전한(前漢 : 서한)시대 비문의 방경고졸(方勁古拙)*한 예서의 구현이었다. 특히 제주 유배 시절 추사의 서예는 옛 비석의 글씨를 위주로 편지글 등 일부에서 서첩의 글씨체를 가미한 소위 '비주첩종(碑主帖從)'의 경향이 철저히 드러나 있다.

추사는 또《잡지(雜識)》에 〈논서법(論書法)〉을 이렇게 썼다.

"한예(漢隷)의 한 글자는 해서와 행서 열 글자와 맞먹는다. 요즘 사람들이 익히는 것은 다 동한(東漢) 말에 만들어진 글씨이며 서한(西漢)의 글씨

● 완원(阮元)은 강소(江蘇) 의정(儀征) 사람으로 자는 백원(伯元), 호는 운대(雲台), 뇌당암주(雷塘庵主), 이성노인(怡性老人)이다. 청(淸)나라 때의 대신(大臣)이자 학자, 사상가이다.
● 모나고 굳세며 예스럽고 졸박함. 기교는 없으나 예스럽고 소박하다는 뜻이다. 여기서 고졸이란 고풍이 돌고 뭔가 서툰 듯하면서도 내면에서 풍기는 어떤 멋 같은 것을 지니고 있음을 이른다.

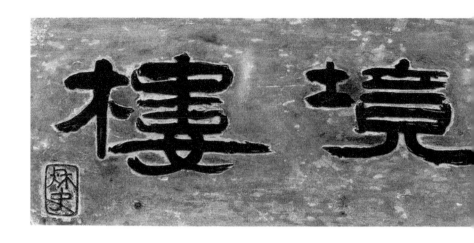

에는 손을 대지도 못한다."

漢隷一字 可抵楷行十字 近人所習 皆東京末造書 至西京
無以下手

　결론적으로 말하자면, 추사체의 진가는 예스럽고, 기괴(奇怪)하고
신비한 기운이 넘치는 서한 풍의 글씨, 즉 고예(古隷)에 있는 것이다.

세한도와 그 후의 이야기

책 한 권 값의 진실

추사가 제주도에서 유배 생활을 하면서도 중국 학계와 교유를 이어가

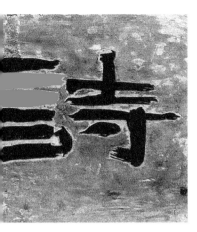

추사가 쓴 충남 예산 화암사의 예서 현판, '시경루(詩境樓)', 1846년

며 왕성한 독서활동을 할 수 있었던 것은 제자 우선 이상적(藕船 李尙迪 1803~1865)의 역할이 매우 컸다. 당시 조선 중인 사회에서 가장 뛰어난 역관이자 시인이었던 이상적은 유배지에서 추사의 학문과 예술이 한층 더 나아갈 수 있도록 큰 도움을 주었다. 그는 두 번이나 제주 유배지를 방문했으며 추사의 다양한 요구를 투정 한 번 하지 않고 들어주었다.

〈세한도〉의 발문(跋文)에 의하면, 1843년에 중국에서 《만학집(晚學集)》과 《대운산방집(大雲山房集)》 두 책을 구해 부쳐주었고, 1844년에는 하장령(賀長齡)이 편찬한 총 120권, 79책에 달하는 방대한 《황조경세문편(皇朝經世文編)》을 사서 보냈다. 그뿐만 아니라 추사는 정정조(程廷祚)의 《역설(易說)》과 당나라의 서예가 저수량(褚遂良)의 법첩 《이궐불감비〔伊厥佛龕碑, 일명 삼감기(三龕記)〕》 등을 사오도록 요청했으며, 심지어 이상적의 아우가 중국에 간다는 소식을 듣고는 오중륜(吳仲倫)

의 문집을 구해 보내라고 부탁하기도 했다.

또 이상적은 추사가 애용했던 고급 붓, 화전지(花箋紙)와 먹 등 다양한 물품까지 기꺼이 사서 보냈다. 특히 붓에 대한 추사의 애착은 매우 남달라서 마음에 맞는 붓을 구하느라 무척 힘들었을 것이다. 여러 문헌에는 소치 허유를 비롯한 제자들이 쥐의 수염으로 만든 붓인 '서수필(鼠鬚筆)' 같은 귀한 붓을 구하려고 고심한 일이 기록되어 있다. 일찍이 추사는 "'글씨를 잘 쓰는 이는 붓을 가리지 않는다'는 것은 일반적인 견해가 아니다(善書者不擇筆 非通論)"라고 썼다. 추사는 붓을 확실히 가려서 쓴 명필이었다.

내친 김에 당시 추사의 제자가 그에게 보내준 책들의 단가를 추측해보자. 조선시대 책의 가격은 지금 상상도 할 수 없을 만큼 비쌌다. 《중종실록》에 실린 어득강(魚得江 1470~1550)의 보고에 의하면 지금은 1만 원대에서 살 수 있는 주석이 달린 《중용》,《대학》 합본이 조선 중기 때는 상면포 3~4필 값이었다. 지금 시세로 따져서 200~300만 원에 해당한다.

종이 값도 어마어마하여 《맹자》 한 권에 들어가는 종이 가격만 쳐도 면포 20필 값과 맞먹었다. 책 간행에 들어가는 비용에서 순수한 종이 값은 30% 정도에 해당된다고 볼 때,《사서삼경》과 사대부 가정에 필요한 몇 가지 책을 구비하자면 어지간한 집안은 재산이 거덜난다고 봐도 무리가 없을 것이다.

조선 후기에 접어들었다고 해서 사정이 더 나아진 것은 아니었다. 스스로 책만 보는 바보라는 뜻으로 '간서치(看書癡)'라 칭한 조선

廢其一則無以造道而成德矣餘見第二十
章

君子之道費而隱

夫婦之愚可以與知焉及其至也雖聖人亦有所不

知焉夫婦之不肖可以能行焉及其至也雖聖人亦

有所不能焉天地之大也人猶有所憾故君子語大

天下莫能載焉語小天下莫能破焉

詩云鳶飛戾天魚躍于淵言其上下察也

君子之道造端乎夫婦及其至也察乎天地

○右第十二章　子思之言蓋以申明首章道不

可離之意也其下八章雜引孔子之言以明

17~18세기 《중용》과 《대학》 합본 필사본. 청먹으로 깨알같이 쓴 세필글씨는 주자의 주석이다. 마치 가는 바늘로 쓴 듯 신묘함이 느껴진다. 조선시대에는 책값이 비싼 까닭에 이렇게 필사본이 발전했다. 동혼재 소장

후기의 독서가 이덕무(李德懋 1741~1793)는 그의 친구 이서구(李書九 1754~1825)에게 보낸 편지에 오랜 굶주림 끝에 자기가 가진 것 중 가장 값나가는 물건인 《맹자》 7책을 전당 잡혀 밥을 잔뜩 해먹은 이야기를 썼다. 《청장관전서》에 나오는 이야기다. 덧붙여 벗들이 이덕무의 사랑채를 지어주기 위해 아끼던 책을 팔았다는 이야기도 전한다.

그만큼 책은 고가였다. 책을 살 수 없는 선비들은 정교한 필체로 필사를 하여 읽거나 팔았다. 입이 딱 벌어지는 솜씨로 쓴 조선 후기의 필사본을 그리 어렵지 않게 볼 수 있는 것도 비싼 책값이 빚어낸 부산물이다.

부자들은 연행길을 떠나는 사신이나 역관 편에 부탁을 하여 당시로는 첨단의 출판 기술로 만들어진 중국의 책을 샀다. 이때 중국에서 발간된 책은 값도 값이지만 돈을 주고도 살 수 없는 경우도 많았다.

특히 이상적이 '천만 리 먼 곳에서 사들이고 여러 해를 걸려 얻은' 책들은 당시로서는 값을 매길 수 없을 정도로 귀한 책이었다. 뒤에 다시 이야기하겠지만, 요즘 말로 하자면 이상적은 강남 빌딩 한 채 값 정도의 정성을 들여 추사에게 〈세한도〉를 받은 것이다. 이상적의 추사를 향한 사랑이 이렇게 깊으니 추사가 〈세한도〉를 그려 선물할 생각을 했을 것이다.

한국미술사학자 허균은 "〈세한도〉는 표면적으로는 미완성 작품인 것처럼 보이기도 하지만 감상자가 이 그림을 보는 관조 속에서 그 빈틈과 미완성이 알차지고 또 완성되어 간다는 느낌을 주는 그림이며 …… 그 속에 보이지 않는 무엇이 충만되어 있다"고 알 듯 말 듯 한 평을 썼다.

평론가 최동춘은 2010년 《추사연구 제 8호》에 게재된 〈추사 '세한
도'의 청고고아(淸高古雅)● 심미의식〉이란 논문에서 "〈세한도〉의 품격
은 문인이 추구하는 최상의 청기(淸氣) 또는 일기(逸氣)가 유동하여 발
현되고, 성정과 심의작용에 의해 절제되고 축약된 사의(寫意)적 그림"
이라는 표현으로 찬사를 아끼지 않았다.

이렇듯 〈세한도〉는 대부분의 연구가로부터 추사의 제주 유배 생활
을 상징적으로 보여주는 절정의 문인화로 평가받고 있다.

그림, 글, 글씨가 완벽하게 빚어낸 〈세한도〉의 가치

그러나 필자는 생각이 다르다. 추사의 〈세한도〉는 후학들에 의한 감
상적(感傷的) 평가로 오히려 그 본질이 과장되고 왜곡되었을 수도 있
다는 지극히 개인적인 견해를 가지고 있다. 음악수업 시간에 〈전원교
향곡〉을 들으면서 전원을 연상해야 하고, 〈영웅교향곡〉을 들으며 영
웅을 떠올리려고 노력해야 했던 것처럼, 미리 정해진 틀 속에서 '벌거
벗은 임금님' 류의 감상(鑑賞)을 억지로 강요당하고 있는 것은 아닌지
이따금 반문해본다.

〈세한도〉를 감상하는 많은 사람들이 가로 69.2cm, 세로 23cm에 불
과한 이 소슬한 그림과 추사의 담백한 예서를 보면서 일찍이 학습된
지식으로 감동을 받게 되는 것은 아닐까.

● 청고 · 고아(淸高 · 古雅)는 맑고 고상하며 예스럽고 아름답다는 뜻이다. 서자 상우에게 보내는 편지 〈우아
에게 써서 보이다(書示佑兒)〉에서 쓴 표현을 그대로 옮긴 것이다.

유홍준은 〈세한도〉에 대해 "대부분의 명작이 그러하듯이, 그 명성과 과도한 찬사에 눌려 정작 작품에 대한 올바르고 정직한 감상은 방해받고 만다"면서 "이 그림의 예술적 가치는 실경에 있지 않다. 실경산수로 치자면 이 그림은 0점짜리 그림이다. 〈세한도〉는 완당의 마음속 이미지를 그린 것으로 그림에 서려 있는 격조와 문기(文氣)가 생명이다"라는 절묘한 평가를 내렸다. 〈세한도〉에 대한 평가들 중에서 가장 공감이 가는 설명이 아닐 수 없다.

미술사학자 동주 이용희(東州 李用熙 1917~1997)는 "세한도가 일견 퍽 싱거운 그림이지만, 문인의 사의(寫意)가 그려진 그림에, 글씨에, 그 글, 이 셋이 합해서 삼위일체가 되어서 좋은 것"이라고 한 바 있다.

필자는 여기에 덧붙여 세한도가 명작으로서 가치를 지니게 된 것은, 1844년 동지사 이하응을 수행한 이상적이 장요손(張曜孫)을 비롯한 청나라 당대 최고의 지식인 16인으로부터 받아온 무려 10m가 넘는 제찬(題贊 : 그림에 대한 감상을 적은 시)에다가 제자 이상적의 아름다운 의리가 함께 어우러져 있기 때문이라고 확신한다. 즉, 본가에서 멀리 떨어진 외딴섬에 유배되어 극단의 고독과 마주했던 추사의 신산(辛酸)한 삶과 세한에도 변치 않는 소나무, 잣나무 같은 제자 우선 이상적의 의리가 이 그림 속에 함께 녹아 있는 것이다.

추사는 〈세한도〉 한쪽에 군더더기 없이 깔끔한 예서로 이렇게 발문(跋文)을 달았다.

"세상의 도도한 물결은 오직 권세와 이익만을 따르는데, 마음을 쓰고 힘

을 쓰기를 이와 같이 하면서 권세와 이익을 추구하지 않고, 바다 건너 초
췌하게 말라버린 사람에게 돌아오기를 마치 세상 사람들이 권세와 이익
을 좇듯 하는구나."

世之滔滔, 惟權利之是趨, 爲之費心費力如此, 而不以歸之權利,
乃歸之海外蕉萃枯槁之人, 如世之趨權利者

　추사가 세상을 떠나자 이번에는 이상적이 〈추사를 위한 만시(輓詩)〉
에 이렇게 썼다.

　"지기(知己)로서 평생 간직한 유묵은
　맑은 난초와 세한 추위에도 변치 않는 소나무라네."

　知己平生存手墨
　素心蘭又歲寒松

　이어서 "공은 유배 시절에 〈세한도〉와 묵란 몇 폭을 그려주시며 아
울러 제발을 쓰시고 낙관을 해주시며 과분한 정을 베푸셨다(公謫居時
寫寄歲寒圖 及墨蘭諸幅 幷有題識 期勉過情)"라는 글을 덧붙였다.
　두 사람은 스승과 제자로서, 그리고 예술인으로서 서로를 존중하고
사랑했던 것이다.

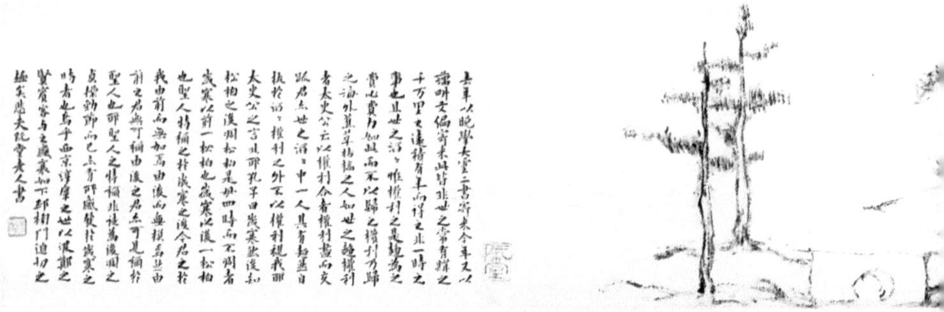
去年以晚學大雲二書寄來今年又以
藕畊文編寄來此皆非世之常有購之
千万里之遠積有年而得之非一時之
事也且世之滔滔惟權利之是趨爲之
費心費力如此而不以歸之權利乃歸
之海外蕉萃枯槁之人如世之趨權利
者太史公云以權利合者權利盡而交
疏君亦世之滔滔中一人其有超然自
拔於滔滔權利之外不以權利視我耶
太史公之言非耶孔子曰歲寒然後知
松柏之後凋松柏是毋四時而不凋者
歲寒以前一松柏也歲寒以後一松柏
也聖人特稱之於歲寒之後今君之於
我由前而無加焉由後而無損焉然由
前之君無可稱由後之君亦可見稱於
聖人也耶聖人之特稱非徒爲後凋之
貞操勁節而已亦有所感發於歲寒之
時者也烏乎西京淳厚之世以汲鄭之
賢賓客與之盛衰如下邳榜門迫切之
極矣悲夫阮堂老人書

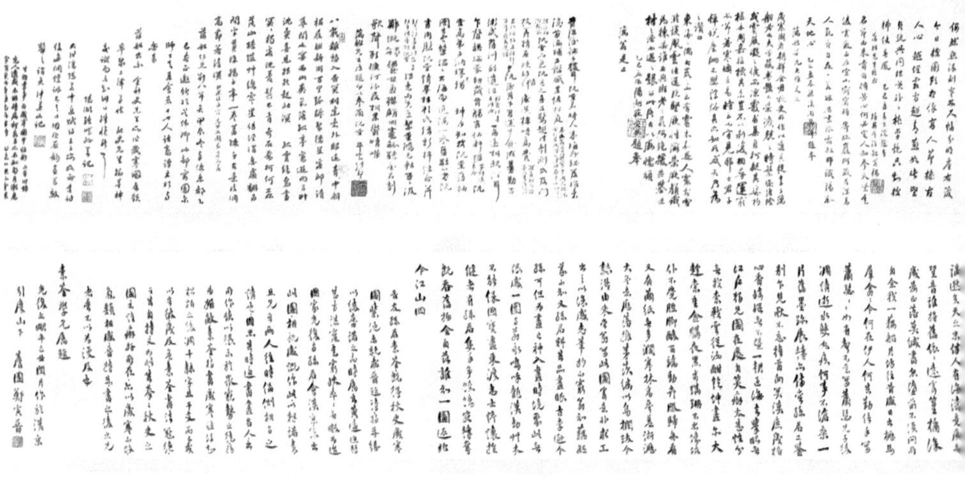

추사의 〈세한도〉, 국보 제180호, 국립중앙박물관 기탁, 손창근 소장

이리저리 유배를 다녀온 〈세한도〉

추사의 〈세한도〉는 그 놀라운 예술적 가치만큼이나 파란만장한 사연을 지니고 있다. 추사가 유배를 다녔듯이 〈세한도〉 역시 이리저리 떠돌아다녀야만 했다. 〈세한도〉는 이상적의 제자 김병선(金秉善)과 민영휘(閔泳徽) 집안 등을 거쳐 최종적으로 일본의 추사 연구가 후지츠카 치카시(藤塚隣)의 소유가 되었다. 추사를 근대적인 학문연구의 대상으로서 반석에 올려놓은 인물이 바로 후지츠카였다. 그는 일본 제국주의 시대에 활약했고, 경성제국대학 교수를 지냈지만 추사가 한반도를 넘어 동아시아 최고의 종합예술인이란 평가를 받게 한 학자였다.

그런 그가 끔찍이 애장하고 있던 〈세한도〉를 내놓게 하여 우리나라로 다시 가져온 사람은, 소전 손재형(素筌 孫在馨 1903~1981)이다. 손재형은 진도 출신으로 해방 후 우리 서예를 발전시키는 데 중요한 역할을 한 서예가이다. 그는 후지츠카가 추사의 〈세한도〉를 소장하고 있는 것을 알고 그것을 가져오기 위해 일본으로 건너갔다. 그리고 지극한 정성으로 후지츠카를 감동시켜, 죽을 때까지 어떤 일이 있어도 세한도를 팔지 않고 지키겠다는 굳은 약속으로 금전적 대가도 없이 우리나라에 되가져왔다. 그리고 이 극적인 스토리는 〈세한도〉 속에 또 한 편의 가슴 뭉클한 사연이 되었다.

그러나 그 이후 손재형은 정치계에 투신하면서 자금에 쪼들린 나머지 돈을 빌리기 위해 〈세한도〉를 저당 잡히고 말았다. 불행히도 그 돈을 갚지 못하게 되었고 〈세한도〉는 새로운 주인을 맞아 개성 갑부인 미술품 수장가 손세기(孫世基)에게 넘어갔다. 손세기의 아들 손창근(孫

昌根)이 이를 국립중앙박물관에 기탁한 2010년 말이 되어서야 비로소 국민의 품으로 돌아오게 되어, 〈세한도〉의 파란만장한 여정이 끝을 맺었다. 〈세한도〉 역시 주인 따라 긴 유배를 다녀온 것이리라.

그리고 2006년, 후지츠카 치카시(藤塚隣)의 아들 후지츠카 아키나오(藤塚明直)는 그의 선친이 평생 동안 모은 2,750점에 달하는 추사의 귀중한 필적과 자료를 자비를 들여 손질한 후 과천 추사박물관에 무상으로 기증하였다.

2012년, 83세의 손창근은 그가 50년 동안 가꾸어온 200만 그루의 나무와 당시 시가 천억 원대를 호가하는 용인, 아산 일대의 산림 200만 평을 산림청에 기증하면서 세상을 또 한 번 놀라게 했다. 인근에 골프장 건설 등 무분별한 개발이 계속되자 이 땅을 지켜 후손들에게 물려주기 위한 아름다운 뜻을 펼친 것이다. 그는 이미 1973년 서강대학교 박물관에 귀중한 서화 200여 점을 기증했고, 국립중앙박물관에 거액의 연구기금을 쾌척하기도 했다.

우리 소중한 문화재들이 오랜 세월 시련을 겪으면서도 오늘날 이렇게 보존되고 계승된 것은 이러한 분들의 숭고한 희생과 헌신이 있었기에 가능한 일이었다. 노블레스 오블리주(Noblesse Oblige)의 의미를 다시 한 번 생각해본다.

아! 산은 높고 바다는 깊구나.

산해숭심(山海崇深), 이 현판 글씨는 추사의 스승 옹방강이 실사구시(實事求是)를 풀이한 "옛것을 상고하여 현재를 밝히니 산처럼 높고 바

은해사 소장 추사의 현판 글씨 탁본, '산해숭심(山海崇深)'

다처럼 깊다(攷古證今 山海崇深)"에서 따왔다. 제주 유배에서 돌아온 뒤인 1849~1851년 사이 강상시절(江上時節)의 글씨라고도 하고, 말년의 과천 시절 작품이라고도 한다. ●

  "사람이 꽃보다 아름답다"고 한 노랫말처럼 이 험한 세상에도 산처럼 높고, 바다처럼 깊은 마음을 지닌 사람도 많이 있다. 앞으로도 이렇게 고운 마음씨를 가진 사람이 많았으면 좋겠다.

해배 후 강촌의 삶

1848년 12월 마침내 추사는 제주 유배에서 풀려났다. 그리고 1849년부터 1851년 6월까지 서울의 강상(江上)에 거처를 정하고 살았다. 추사의 동생 산천 김명희(山泉 金命喜 1788~1857)는 용산 언저리에, 막냇

● 〈추사 김정희의 편액〉 이민식 2010년, 《추사연구 제 8호》

동생 금미 김상희(琴糜 金相喜 1794~1861)가 금호동 강가에 살았다. 또 평생지기 권돈인의 별장이 지금의 옥수동 지역인 동호(東湖) 근처에 있었으니 그리운 이들이 이웃에 모두 모여 살았다.

　강상이 정확히 어느 곳을 말하는지 분명하지는 않으나, 조선 후기 거대 장서가인 홍한주(洪翰周 1798~1868)가 쓴 《지수염필(智水拈筆)》에 추사가 용산(龍山)의 옛 지명인 '용산(蓉山)의 강상'에 살았다고 기술되어 있는 것으로 미루어볼 때, 강 건너 노량진과 마주한 지금의 이촌동 어디쯤에서 살았다고 보아도 무리가 없을 것 같다.

　추사는 이곳에 정자를 짓고 '칠십이구초당(七十二鷗艸堂)'이라는 편액을 달았다. 그리고 스스로 '칠십이구초당주인(七十二鷗艸堂主人)'으로 자처했다. 사람들이 괴이하게 여겨 '칠십이구(七十二鷗)'의 뜻을 묻자, 추사는 웃으며 "옛 사람들은 많은 사물을 말할 때 모두 '칠십이(七十二)'라고 했다(古人謂事物之多數 皆稱七十二)"고 답했다고 한다.《지수염필》에 나온다.

추사가 정자에서 바라본 한강에는 흰 갈매기가 많이 날아온 모양이다. 갈매기가 많은 것에 빗대어 '칠십이구'라 표현한 것이다. 그래서 갈매기 수가 좀 적을 때에는 그 절반인 '삼십육구초당(三十六鷗艸堂)'이라고 쓴 것 같다.

홍한주는 "내가 평생 강가에 많이 가보았지만, 한강 가에서는 갈매기를 한 마리도 보지 못했다(然余平生 江行亦多 而漢上未嘗見一鷗)"며 아쉬운 마음을 내보였다.● 사실 그곳은 당시 마포(麻浦)를 거쳐 올라온 황해 · 전라 · 충청 · 경기도의 고깃배가 모이는 용산포(龍山浦)였으므로 갈매기를 한 마리도 보지 못했다는 홍한주의 유감은 납득하기가 어렵다. 필자가 자주 건너는 노량대교 근처에서는 요즘도 몇 무리의 갈매기가 모여 있는 광경을 종종 볼 수 있다.

추사가 홍현보에게 보낸 편지에 보면, 강상의 추사는 경제적으로는 넉넉하지는 못했지만 모처럼 시서화로 풍류를 즐기며 여유로운 일상을 보냈던 것으로 보인다. 강상에서 지은 시에서는 그 어느 때보다 서정성이 흠뻑 묻어나온다.

강촌에서 책을 읽다(江村讀書)

이어 바람●이 세차고 기러기 안개 속을 비껴가는데

● 2006년 11월 《대동한문학(大東漢文學) 제 25집》에 실린 '이철희'의 〈秋史 詩에서 '數'의 활용과 그 美的 의미〉에서 인용하였다.

● 이어 바람 : 원문의 이어풍(鯉魚風)은 늦가을 9월에 부는 바람을 말한다.

추사의 말년 연보

1849년(철종 1년, 64세)   옥적산방(玉笛山房)에서 〈계첩고(稧帖考)〉를 짓다.

1851년(철종 3년, 66세)   7월, 진종조천예론(眞宗祧遷禮論)의 배후 발설자로 지목되어 북청에 유배되다.

1852년(철종 4년, 67세)   8월 14일, 북청의 유배에서 풀려나다.

1855년(철종 7년, 70세)   과지초당(瓜地草堂)에서 지내다.

1856년(철종 8년, 71세)   봉은사(奉恩寺)에서 지내다. 10월 10일, 사망하다.

김정희의 '잔서완석루(殘書頑石樓)', 여기서는 추사 자신을 '삼십육구주인(三十六鷗主人)'이라고 썼다. 손창근 소장

버드나무 몇 그루 네댓 집을 가렸네.

무슨 일로 소라 등잔 불빛 아래엔

어부의 노래보다 글 읽는 소리가 더 많은가.

鯉魚風急雁煙斜

數柳橫遮四五家

底事枯蚌燈火底

漁歌也小讀聲多

　그런데 강상에서 보낸 2년 반과 북청에서 보낸 1년은 추사의 연보에서 빠져 있고 제대로 알려진 것도 없다. 그렇지만 추사는 이 시기에

여러 걸작을 남긴다. 1849년에서 1850년 사이에 쓴 '잔서완석루(殘書頑石樓)', '소창다명(小窓多明)' 등은 8년 유배 기간 동안 쌓인 내공이 결실을 맺은 추사 예서의 결정체라고 해도 과언이 아닐 것이다.

"작은 창으로 햇살이 쏟아져 들어오면, 나를 오랫동안 앉아 있게 한다."

小窓多明 使我久坐

이 글을 보고 있으면 훗날 작은 황토방 창문 너머로 소박한 앉은뱅이책상에 책 서너 권을 올려놓고 고즈넉이 앉아 있는 필자의 노년을 꿈꾸게 된다.

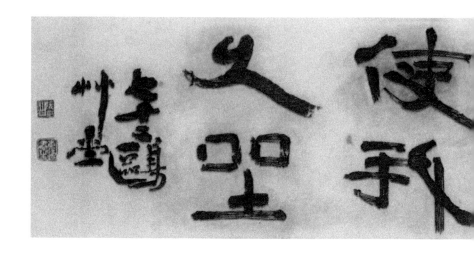

'북청' 그 인연의 땅

추사의 제주 유배는 순원왕후로 권력을 잡은 안동 김씨가 잠재적 경쟁세력인 경주 김씨를 배척하기 위해 명분으로 삼은 '윤상도 옥사(尹尙度獄事)'가 발단이었다. 반면 1851년 7월부터 이듬해 8월까지 북청 유배의 원인이 된 것은 '진종조천예론(眞宗祧遷禮論)'이었다. 이 사건 또한 김흥근(金興根)을 중심으로 한 안동 김씨가 권돈인·김정희 일파를 견제하려는 정치적 목적을 그 바탕에 깔고 있었다.

이 사건은 1849년 6월 헌종이 죽은 뒤 왕실의 직계 후사가 끊어져 헌종의 9촌 숙부인 철종이 왕위계승자로 영입되면서 시작되었다. 이 때 호칭과 계보, 제사 등 여러 가지 전례상의 문제들이 생겨 진종(眞宗)의 신주를 조천(祧遷)하는 일로 예송논쟁이 발생했다. 사실상 이 논쟁은 안동 김씨가 주도한, 가통과 왕통이 일치하지 않는 철종 임금의 승계 방식에 대한 비난을 잠재우고, 권돈인 등 간접적인 비판 세력을

'소창다명 사아구좌(小窓多明 使我
久坐) 칠십이구초당(七十二鷗艸堂)'
탁본, 제주 추사관 소장

숙청한 것으로 마무리되었다.

당시 추사는 중요한 위치에 있지는 않았지만 권돈인과 친분 때문에
1851년 8월 초 북청 유배길에 오르게 되었다. 그러나 북청 유배는 그
리 힘겹지 않았던 것으로 보인다. 추사가 북청으로 가자마자 뒤를 이
어 1851년 9월 제자 침계 윤정현(梣溪 尹定鉉 1793~1874)이 함경감사로
부임하였기 때문이다. 짐작하듯이 추사는 유배 기간 내내 그의 보살
핌을 받았다. 그러면서 같이 유배길에 오른 권돈인에게 유배의 선배
로서 다음과 같은 조언의 편지를 보냈다.

"옛 어른들은 주역●에 주석을 달고 약방문을 초록(抄錄)했으니, 모두 이
렇게 시간을 보내지 않을 수 없었을 겁니다. 한가롭게 지내며 그냥 즐기

● 주역은 원문의 '역사(易詞)'로 주역의 괘사(卦辭)·효사(爻辭)·십익(十翼)을 지칭하는 말이다.

예론이 일어나게 된 배경

예론의 발단은 1849년 6월 철종 즉위 직후의 친속 호칭 문제로 시작되었다. 조정에서는 대신·중신·유신들의 의견을 모아 호칭을 결정했는데, 주로 좌주 홍직필의 헌의에 근거해 순조에 대해서는 황고(皇考)-효자(孝子)의 칭호로, 익종에 대해서는 황형(皇兄)-효사(孝嗣)의 칭호로, 헌종에 대해서는 황질(皇姪)-사왕신(嗣王臣)으로 부르기로 했다. 그러나 헌종에 대한 '조카'의 호칭 때문에 화서(華西) 이항로(李恒老) 등으로부터 비판이 제기되기도 했다.

2년 후인 1851년 6월 진종을 종묘에서 조천하게 되자 심각한 논쟁이 일어났다. 조천(祧遷)이란 제사를 지내는 대(代)의 수가 다 되어서, 종묘 본전(本殿) 안의 위패(位牌)를 그 안의 다른 사당인 영녕전(永寧殿)으로 옮겨 모시던 것을 말한다. 이때 영의정 권돈인과 추사 김정희 등은 진종이 철종의 증조부이므로 종묘에서 조천할 수 없다고 주장했다.

그러나 좌의정 김흥근과 좌주 홍직필 등은 제왕가에서는 왕위의 승통을 중시하므로 헌종과 철종 사이에는 부자의 도리가 있고, 진종은 4대의 제사 대수를 넘었으므로 마땅히 조천해야 한다고 주장했다. 이 일로 인해 권돈인은 철종 때 경의군을 추존하고 위패를 영녕전으로 옮길 때, 헌종을 먼저 모시도록 주장한 일로 파직되고, 중도부처의 형벌을 살다 죽었다.

는 것은 답답한 마음이나 푸는 것뿐만은 아닙니다."

古人之注易詞抄藥方 皆不能無此消受處 閒課漫興

非爲一段遣悶而已

그리고 이어서 유배지 근처에 있는 백운동(白雲洞)과 부석사(浮石寺)
등을 탐방하도록 권유하기도 했다. 추사 자신의 북청 유배도 유적지
를 탐방하고 금석을 연구하는 등 예전 제주 유배에 비해 한결 여유로

운 모습이었다. 제자 강위를 비롯한 몇 사람이 북청 유배 전 기간에 걸쳐 곁에서 보필했으며 함경감사 윤정현도 유배가 끝날 때까지 정성을 다하여 그를 보살폈다.

단풍이 막 들기 시작한 함관령 고갯길은 추사에게 유배길의 서러움을 떠나 너무나 아름다워 보였다. 가마를 타고 오른 고갯마루에서 추사는 웅장하고 수려한 산세에 취한 나머지 그 감흥을 주체하지 못하고 이렇게 시로 읊었다.

함관령 가는 길에서(咸關嶺途中)

호관(壺關)● 가는 외길에도 이만한 데 없으리.

온갖 나무 우거져 한바탕 얽혀 어울렸네.

고개 마을 사람들 가마 메는 일을 괴로움으로만 여길 뿐

이영구●의 추수도(秋樹圖)를 그 어찌 알겠는가.

──路壺關似此無

森沈萬木與枝梧

嶺民但爲藍輿苦

● 호관(壺關)은 중국의 명산인 호구산(壺口山)을 말한다.

● 이영구는 북송의 화가 이성(李成 919~967)으로 자는 함희(咸熙)이다. 산동성, 즉 영구(營邱) 사람이어서 영구라 했다.

豈識營邱秋樹圖

그보다 약 20년 전 쯤인 1832년, 다산은 〈가마꾼의 탄식(肩輿歎)〉이라는 시에서 가마 메는 사람들의 아픔을 쓴 적이 있다.

사람들 가마 타는 즐거움은 알아도
가마 메는 괴로움은 모르고 있네.

人知坐輿樂
不識肩輿苦

호사가들은 종종 이 두 시를 예로 들며, 두 사람의 인품과 신분 의식을 단정적으로 논하기도 한다. 하지만 이렇게 대조적인 인식의 차이는 그들의 품성에 기인하기보다 판이하게 다른 출신 배경과 성장 환경에 있다고 보는 편이 맞을 듯하다.

일찍이 1816년, 30세의 추사는 북한산(北漢山) 비봉(碑峯)에 있는 진흥왕순수비(眞興王巡狩碑)를 고증했다. 그리고 지수재 유척기(知守齋 兪拓基 1691~1767)가 가지고 있던 황초령순수비(黃草嶺巡狩碑)의 탁본을 빌려 그것과 비교하고 분석하기도 했다.

그리고 1832년 권돈인이 함경도 관찰사로 부임하자 그에게 부탁하여 황초령 비석조각을 찾아내게 하고 그 탁본을 얻어 《진흥이비고(眞興二碑攷)》를 저술했다. 드디어 추사는 이렇게 꿈에도 잊지 못하던 황

국립중앙박물관 소장 국보 제3호 진흥왕순수비의 탁본

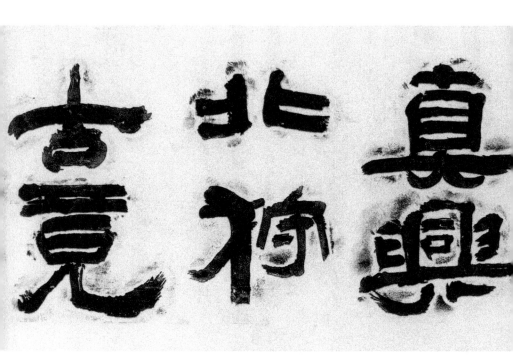

추사 예서의 진면목이 잘 드러나는 현판 '진흥북수고경(眞興北狩古竟)'의 탁본, 국립중앙박물관 소장. 현재 실재하는지 여부는 확인할 수 없고 탁본만 전한다.

초령비를 가까이에서 볼 수 있는 기회를 만난 것이다. 황초령은 함흥의 함경감영에서 불과 110리 떨어진 곳에 있었다.

추사는 윤정현에게 황초령에 있는 '진흥왕순수비'를 다시 찾아 원래 자리에서 그리 멀지 않은 곳에 세워 보존하게 하고 현판을 써서 달게 했다. 추사 예서의 방강고졸(方剛古拙)한 아름다움이 가장 돋보이는 명작 '진흥북수고경' 현판은 이렇게 탄생했다.

'침계(梣溪)' 유감

북청 유배 시절인 1851년, 또는 1852년에 추사는 함경감사인 제자 윤정현을 위해 현판 '침계'를 썼다. '침계'는 윤정현의 호이다. 부탁을 받은 후로 무려 30년이 걸려 쓴 글씨라고 발문을 달았다. 이 글씨에 대하여 유홍준은 "한나라 때 예서체의 준경(遒勁)하면서도 멋스러운 자태, 삐침과 파임의 미묘한 울림, 금석문이 지닌 고졸하면서도 정제된 맛을 유감없이 보여주는 명작"이라는 찬사로 평을 썼다. 유홍준의 평을 인용하지 않더라도 이 글씨는 누가 보아도 멋들어진 명작임에 틀림없다. 더욱이 이 글씨 왼쪽에 쓰인 가슴 뭉클한 사연은 이 작품의 가치와 품격을 한층 더 빛내고 있다.

> "침계(梣溪) 이 두 글자를 사람을 통해 부탁받고 예서(隸書)로 쓰고자 했
> 으나, 한비(漢碑)에 첫 한 글자가 없어서 감히 함부로 쓰지 못해 마음속에
> 두고 잊지 못한 것이 지금 이미 30년이 되었다. 요즈음 북조(北朝) 금석
> 문을 꽤 많이 읽었는데, 모두 해서와 예서의 합체로 쓰여 있다. 수나라 당

나라 이래 진사왕(陳思王)이나 맹법사비(孟法師碑)와 같은 여러 비석들은
또한 그것이 더욱 뛰어난 것이다. 그대로 그 필의(筆意)를 모방하여 썼으
니, 이제야 부탁을 들어 흔쾌히 오래 묵혔던 뜻을 갚을 수가 있게 되었다.
완당(阮堂)이 짓고 쓰다."

'梣溪' 以此二字轉承正囑　欲以隸寫 而漢碑無第一字 不敢妄作
在心不忘者 今已三十年矣
近頗多讀北朝金石 皆以楷隸合體書之 隋唐來陳思王 孟法師諸碑
又其尤者 仍仿其意寫就
今可以報命 而快酬夙志也 阮堂幷書.

조금 삐딱하게 생각해보면, 왜 이 글씨를 부탁받은 지 무려 30년이

추사가 쓴 '침계(梣溪)', 간송미술문화재단 소장

나 지난 뒤에 썼을까 하는 의구심을 금할 수 없다. 발문에 의하면 서
예천재 추사가 평생을 공부하면서도 보지 못한 글자를 북청 유배지에
가서야 비로소 발견했다는 것인데, 세속의 때가 묻은 필자의 시각으
로는 그 발문의 우아하고 고상한 경지가 말대로 순수하게 받아들여지
지가 않는다.

윤정현이 추사에게 이 글씨를 부탁했을 때의 나이는 28, 29세 즈음
이었을 것이다. 윤정현은 이조판서를 지낸 윤행임(尹行恁 1762~1801)의
아들이다. 윤행임은 순조 즉위 후 이조판서로서 외척 김조순 일파와
대립했으며, 1801년 김조순의 사주로 서학을 신봉했다는 탄핵을 받고
신지도로 귀양 갔다가 처형되었다. 그리고 1834년 헌종이 즉위하고
나서야 신원(伸冤)되고 영의정에 추증되었다.

하루아침에 풍비박산이 되어버린 집안에서 성장한 윤정현은, 아버지가 신원된 후 1841년 48세가 되어서야 비로소 성균관에서 행한 특별시험 황감응제(黃柑應製)에 뽑힐 수 있었고, 51세의 나이로 뒤늦은 출사를 하게 된다.

추사는 그보다 몇 해 전 월성위 김한신의 봉사손(奉祀孫)으로 문과에 급제하여 승승장구하고 있었으며, 심지어 명필로 그 명성이 하늘을 찌르고 있었다.

그럴 리는 없겠지만, 몰락한 가문의 천애고아와 다름없던 윤정현의 호를 써달라는 부탁에 오랫동안 호응하지 않다가, 유배객과 배소(配所)의 관찰사로 만나게 된 인연이 이 작품에 어느 정도 영향을 미치게 된 것은 아닐까?

아, 염량세태(炎凉世態)를 살고 있는 이 우마주(牛馬走)의 천박함이여.

5장

유배가 조선 천재에게 미친
긍정적 영향

1표 2서에 담긴 다산의 마음

다산은 어린 시절 지방관인 아버지를 따라 궁벽한 시골을 돌아다녔다. 그러면서 포악한 관리와 아전들의 세금 징수로 재산을 몰수당하다시피 하고 비참하게 살아가고 있는 백성들의 삶을 생생하게 목격하게 되었다. 다산이 본 세상은 백성들의 고통과 원망으로 넘쳐나고 있었다.

그는 "깊이 생각하니, 터럭같이 사소한 모든 일에 병폐 아닌 것이 없으니, 지금에 와서 고치지 않으면 반드시 나라를 망치고야 말 것이다. 이 어찌 충신과 지사가 팔짱 끼고 방관할 수 있는 것이겠는가?(竊嘗思之 蓋一毛一髮 無非病耳 及今不改 其必亡國而後已 斯豈忠臣志士所能袖手而傍觀者哉)"라고 《경세유표》에 썼다.

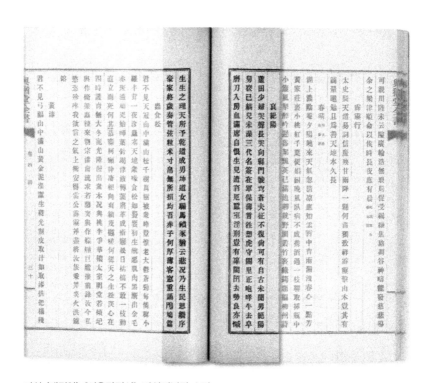

다산 〈애절양〉《여유당전서》, 다산기념관 소장

세금 제도인 삼정(三政)은 문란했고 그중에 군정(軍政)의 폐단은 가히 야만적이었다. 당시 16세에서 60세 미만의 장정은 병역을 대신하여 군포(軍布)를 내게 되어 있었다. 그런데 19세기에 이르러 부패한 관리와 아전들은 이 제도를 악용하여 어린아이와 죽은 사람들까지 군적에 올리고 군포를 부과했다. 심지어 군포를 낼 수 없어 도망친 이웃과 친척의 몫까지 징수하는 등 그 폐해는 상상을 초월했다.

매관매직으로 벼슬을 산 부패 관료들은 벼슬을 얻는 데 투자한 본전을 뽑기 위해 관아의 아전들을 동원하여 이런 악랄한 방법으로 백성들을 수탈하기 시작했다. 그렇게 빼앗은 돈은 다시 누군가의 뇌물이 되고 그 뇌물을 받은 고위 관료들이 지방 관아의 벼슬아치들 뒷배를 봐주는 악순환이 날마다 계속되고 있었다.

다산이 강진 유배 생활을 한 지 3년째 되던 1803년, 이정(里正 : 지방의 관리)은 갈대밭 마을에 사는 한 농부의 생후 3일된 아들을 군적에 올리고 군포를 부과했다. 농부가 항의하자 오히려 소를 끌고 갔다. 소는 그 집안의 전 재산이라고 해도 과언이 아니었다. 남편은 자신의 생식기를 스스로 잘랐고, 젊은 아낙은 그 생식기를 관가에 가지고 가서 하소연하려고 했으나 문 안으로 들어가지도 못했다. 다산은 이 피맺힌 이야기를 시로 남겼다.

애절양(哀絶陽)●

갈밭마을 젊은 아낙 통곡소리는 그칠 줄 모르고

관아의 문으로 달려가며 하늘을 향해 울부짖네.

전쟁 나간 지아비 못 돌아올 수는 있어도

남자가 제 양경 잘랐단 말 들어본 적 없다네.

시아버지는 벌써 죽었고 갓난아인 배냇물조차 안 말랐는데

삼대(三代) 이름이 모두 군적에 실렸다네.

몇 마디 하소연하려 가니 호랑이 같은 문지기 버티고 섰고

이정(里正)은 호통쳐가며 외양간 소를 끌고 갔네.

칼을 갈아 방에 들자 자리에는 피가 흥건

자식 낳아 곤경에 처한 일을 스스로 한탄하네.

도대체 무슨 죄로 잠실음형(蠶室淫刑)● 당하는가.

민(閩)●땅 자식 거세도 역시 슬픈 일인데

자식 낳고 사는 이치 하늘이 정했고

건도(乾道)로 아들 되고 곤도(坤道)로 딸 되는 법

거세한 말과 돼지도 서럽다 할 만한데

● 애절양(哀絶陽) : 양경(陽莖), 즉 남성의 성기를 잘라버린 슬픔이라는 뜻이다.

● 잠실음형(蠶室淫刑)은 극형 가운데 하나이다. 옛날에 음행이 있는 자는 궁형(宮刑)으로 거세(去勢)하고 상처가 바람 쏘이지 않고 잘 아물도록 하기 위하여 밀폐된 방에 가두었다. 이 방이 잠실(蠶室)이다. 《한서(漢書)》 '무제기(武帝紀)'에 나온다.

● 민(閩) 땅의 사람들은 자식을 건(囝), 아버지는 낭파(郎罷)라고 불렀는데, 당나라 때 그곳 자식들을 환관으로 썼기 때문에 부호한 자들이 많아, 그곳 사람들은 자식을 낳으면 바로 거세를 했다고 한다. 《청상잡기(青箱雜記)》에 나온다.

하물며 대를 이어갈 생민들이야 오죽하리오.

부잣집 한 해 내내 풍류나 즐기며

낟알 한 톨 비단 한 치 바치는 일 없구나.

다 같은 어린 백성 차별은 웬일인가

객창 가에 앉아서 시구편(鳲鳩篇)●만 거듭 읊네.

蘆田少婦哭聲長

哭向縣門號穹蒼

夫征不復尙可有

自古未聞男絶陽

舅喪已縞兒未澡

三代名簽在軍保

薄言往愬虎守閽

里正咆哮牛去皁

磨刀入房血滿席

自恨生兒遭窘厄

蠶室淫刑豈有辜

● 시구편(鳲鳩篇)이란 《시경》 〈조풍(曹風)〉의 편명으로, 재위자(在位者) 중에 군자가 없음과 또 그 용심이 일정하지 못함을 풍자한 시다.

閹丑去勢良亦慽

生生之理天所予
乾道成男坤道女
騸馬豶豕猶云悲
況乃生民恩繼序

豪家終歲奏管弦
粒米寸帛無所捐
均吾赤子何厚薄
客窓重誦鳲鳩篇

　그리고 다산은 이 시의 말미에 이렇게 부연 설명을 달았다.《목민심서》'권8', '병전육조(兵典六條) 첨정(簽丁)'에 실려 있다.

　"이 시는 가경(嘉慶) 계해년(1803년 순조 3년) 가을에 내가 강진에 있을 때 지은 것이다. 그때 갈밭마을에서는 낳은 지 사흘 된 아들이 군적에 올라갔고, 관리는 군포 대신 소를 빼앗아갔다. 백성이 칼을 뽑아 그 양경(陽莖)을 스스로 자르며, "내가 이것 때문에 이러한 곤경에 처했다"고 했다. 그 아내는 피가 뚝뚝 떨어지는 양경을 가지고 관아에 나아가 통곡하며 호소하려 했으나 문지기가 그녀를 막았다. 나는 그 이야기를 듣고 이 시를 지었다."

此嘉慶癸亥秋 余在康津作也 時蘆田民 有兒生三日入於軍保 里正
奪牛 民拔刀自割其陽莖曰 我以此物之故 受此困厄 其妻持其莖
詣官門 血猶淋淋 且哭且訴 閽者拒之, 余聞而作此詩

　　다산이 서학을 통해 받아들인 하늘은 내세(來世)나 영생(永生) 등 천
주교의 교리와는 다소 거리가 있었지만, 조림차실(照臨此室), 즉 인간
의 모든 행동을 한결같이 내려다보고 있는 주채천(主宰天) 사상에서
출발하고 있다. 나아가 그의 민중 지향적 위민사상은 사회 현실에 대
한 문제의식에 그 뿌리를 두고 세상의 부조리로부터 사회 전반에 걸
친 개혁을 통하여 인간과 사회의 가치를 추구하는 것을 목표로 삼고
있었다.

과골삼천(踝骨三穿)

　　"선생님께서는 귀양살이 이십 년에 날마다 먹을 갈고 글씨를 쓰는 일로
　　복사뼈에 세 번이나 구멍이 났다."

　　丁夫子 謫中卄年 日事筆硯 踝骨三穿

　　유배 초기에 만나 늘 곁을 지켰던 제자 황상은 그의 저서《치원유고
(巵園遺稿)》중〈회주삼로에게 보내는 글(與襃州三老)〉에서 다산이 20년
가까운 유배 기간 동안 복사뼈에 세 번이나 구멍이 날 정도로 백성을

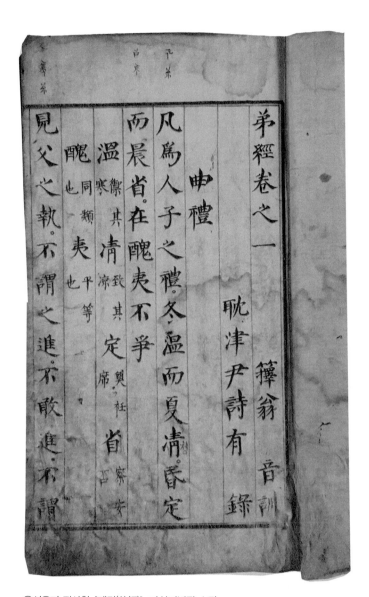

弟經卷之一　籜翁　音訓

耽津尹詩有　錄

申禮

凡爲人子之禮。冬溫而夏凊。昏定
而晨省。在醜夷不爭

溫儆其凊凉致其定奠衽席省察安
醜同類夷平等也
也夷也

見父之執。不謂之進。不敢進。不謂

윤시유가 필사한 《제경(弟經)》, 다산기념관 소장

위한 학문과 교육에 헌신했다고 회고했다.

다산은 중풍에 걸려 혀가 뻣뻣하고 말을 제대로 못하는 괴로움을 겪으면서도 복사뼈가 다 닳도록 초인적인 의지를 발휘하여 저술 활동에 전념했다. 나중에는 앉아 있을 수가 없어서 벽에 시렁을 매달아 두고 서서 집필했다는 이야기도 전한다.

다산의 이러한 열정은 유배지에서 만난 제자들의 헌신과 어우러져 한 사람이 일평생 베껴 쓰는 것조차 불가능한 503권의 방대한 저서가 되어 강진 유배지의 꽃으로 피어났다. 거기에다 다산 사돈의 사촌아우인 윤시유와 윤종심〔일명 윤동(尹峒)〕 등 정서(正書)를 맡은 제자들의 신필(神筆)에 가까운 정갈한 글씨는 이 저서들에 향기를 더했다.

이 책들 속에는 4서 6경을 비롯하여, 역사, 지리, 언어, 의학 등 학문의 거의 모든 분야가 망라되어 있으며, 다산의 모든 학문 성과들이 응집되어 있다. 그리고 그 모든 저술의 바탕에는 1표 2서로 대표되는 다산의 애민사상이 단단하게 자리하고 있었다.

다산의 저서

다산의 18년간에 걸친 유배 생활은 개인적으로는 안타까운 일이었지만 조선 인문학에 있어서는 행운이었다. 다산의 유배지 강진은, 수백 명의 하인을 거느리고 보길도 섬을 통째로 소유할 정도로 대단한 부자였던 외가 해남 윤씨의 세거지(世居地)에 가까이 있었다. 그래서 해남 윤씨 집안에서는 다산의 학문과 사상을 집대성하는 데에 좋은 환경을 제공했다. 유배 생활 중 해남 윤씨 소장의 다양한 서책을 손쉽게

열람할 수 있게 하고 경제적 지원까지 아끼지 않았다.

1822년 다산은 환갑을 맞아 지은 '자찬묘지명(自撰墓誌銘)'에 이렇게 썼다.

"나는 강진으로 유배되어 가자, '어린 시절에는 학문에 뜻을 두었으나 20년 동안 속세의 길에 빠져 다시 선왕(先王)의 대도(大道)가 있는 줄을 알지 못했는데, 이제야 여유가 생겼다'고 생각하고 기쁜 마음으로 스스로 축하했다. 그리하여 육경(六經)과 사서(四書)를 가져다가 몰입하여 탐구하고, 한(漢)나라·위(魏)나라 이래 명(明)나라·청(淸)나라에 이르기까지 모든 유가(儒家)의 학설에서 경전(經典)에 도움이 될 만한 것은 널리 수집하고 두루 고찰하여 오류를 바로 잡았으며, 취할 것은 취(取)하고 버릴 것은 버려 나름대로 학설을 갖추었다."

鏞旣謫海上 念幼年志學 二十年沈淪世路 不復知先王大道 今得暇矣 遂欣然自慶
取六經四書 沈潛究索 凡漢魏以來 下逮明淸 其儒說之有補經典者 廣蒐博考以定訛謬 著其取舍 用備一家之言

1표 2서로 대표되는 다산의 저술은 유배지에서 완성한 치열한 학문 정신의 결정체였던 것이다.

為遷遷凡有施為動作輒引唐虞以折之謂韓非商鞅
之術刻覈精覈實可以平治末俗特以堯舜賢而嬴泰
惡故不得不以疎而緩者為急而急者為非云備以
余觀之奮發興作使天下之人驕騷擾勞役曾以
不能謀一息之安者堯舜是己以余觀之緻密嚴酷使
天下之人夔夔遬遬罷罷陳陳不敢飾一毫之詐者使
堯舜是己天下莫勤於堯舜莫宻於
堯舜荏之以疎荏使人主每有為必懷堯舜以自沮
此天下之所以日腐而不能新此孔子謂舜無為者謂
舜得賢聖至二十二人將又何為其言洋溢抑揚有足

以得風神於言外者令人專執此一言謂舜拱默端坐
一指不動而天下油油然化之乃堯典皐陶謨皆浩然
悤之章不蔚武曰天行健明明堯舜与天同健曾不
能有須臾之息並其禹稷契益皐陶之等亦奮迅猶
以作帝股肱耳目而今居大臣之位者方且得持大體
三字欲以了天下之萬事不亦過于曹參以清淨居相
以者漢無德而興以承泰哆少撓之則民將聲起而為
亂其勢不得不以烹鮮為法耳陳平大姦也以理陰陽
順四時為大臣之職以備糊人短魏相丙吉又皆工謀
而巧宦再執陳平之舊訣以自掩其空疎之陋而素食

다산의 《경세유표》 필사본, 다산기념관 소장

경세유표(經世遺表)

국가 경영에 관한 일체의 제도 법규를 개혁하는 것에 대해 논한 책이다. 행정 기구의 개편을 비롯하여 과거제도, 토지제도, 세금제도 등 모든 제도에 대하여 적절하고도 준칙(準則)이 될 만한 것을 정리했다.

현재 전해지고 있는 것은 필사본으로, 44권 15책으로 구성되어 있다. 원래 제목은 《방례초본(邦禮草本)》이며, 1표(表) 2서(書)로 대표되는 경세론(經世論)을 펼친 저술 가운데 첫 번째 작품이다. 전남 강진에 유배 중인 1817년(순조 17년)에 저술했다. 《경세유표》를 쓴 목적은 '신아지구방(新我之舊邦)'이라고 하여 조선을 통째로 개혁해보겠다는 뜻이다.

목민심서(牧民心書)

백성을 다스리는 목민관(牧民官)이 된 사람의 마음가짐과 윤리의식, 그리고 백성을 다스리는 요령과 귀감이 될 만한 일을 저술한 책이다.

《목민심서》는 48권 16책으로 구성되어 있다. 다산의 《경세유표》가 정부기구의 제도적(制度的) 개혁론을 편 것임에 반해 《목민심서》는 지방 관리의 윤리적 각성과 농민경제의 정상화 문제를 다룬 것이다. 다산이 강진에서 귀양 생활을 하는 동안 저술한 책으로, 지방 관리들의 폐해를 제거하고 지방행정을 쇄신코자 집필한 것이다. 오래전에 쓴 책이지만 지금 읽어도 교훈이 될 내용들로 가득하다. 법과 제도를 고치고 바꾸지 못한다면 관리들이라도 마음과 몸을 제대로 수양하여 청렴한 생활을 하면, 세상이 바르게 되고 백성들이 숨을 돌리게 된다는

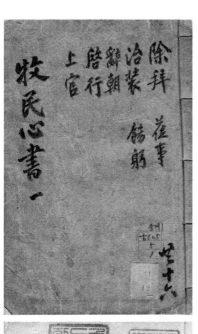

다산의 《목민심서》 필사본, 국립중앙도서관
소장

주장을 담았다.

특히 고을 수령이 지켜야 할 지침을 밝히면서 관리들의 폭정을 비판한 저술로, 고을 수령이 백성을 다스리는 방법과 갖추어야 할 기본 자세를 조목조목 적고 있다. 이 책에는 농민의 실태, 서리의 부정, 토호의 작폐, 도서민의 생활 상태 등을 낱낱이 파헤쳐놓았다. 지방수령을 지낸 아버지를 따라가서 본 경험과 본인이 직접 암행어사, 곡산부사 등을 지내면서 백성들의 고된 삶을 목격한 생생한 체험이 녹아들어 있다.

흠흠신서(欽欽新書)

1818년 봄에 《목민심서》를 마무리한 다산은 그해 8월 14일, 다산초당을 떠나 18년 만에 비로소 고향 두릉으로 돌아왔다. 고향으로 돌아와서도 다산은 집필 활동을 계속하여 1819년 여름에 《흠흠신서(欽欽新書)》를 완성하였다.

이 책의 처음 이름은 '명청록(明淸錄)'이었는데 나중에 '우서(虞書)'의 '흠재흠재(欽哉欽哉)', 즉 형벌을 신중히 하라는 글을 인용하여 《흠흠신서》라고 고쳤다.

이 책은 다산이 곡산부사로 재직하면서 실제로 수사했던 사건들을 토대로 쓴 '판결과 형벌 및 치옥(治獄)에 대한 주의와 규범'에 관하여 쓴 것이다. 여기에서 사람의 생명에 관한 일은 결코 가볍게 여기지 말 것을 주장했다.

30권 10책으로 구성되어 있으며, 1822년(순조 22년)에 간행되었다.

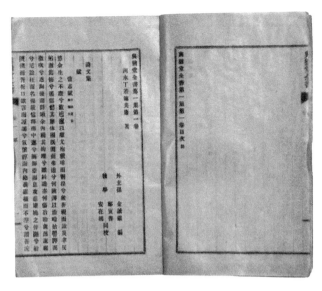

《목민심서》를 포함한 다산의 저술은 1901년 고종의 명에 의해 《여유당전서》란 이름으로 최초로 출간되었다. 그후 1934년~1938년에 정인보와 안재홍이 신조선사(新朝鮮社)에서 간행하였다.

형옥의 일은 사람의 생명에 관한 일이지만, 이를 가볍게 취급하는 경향이 있으므로 그 임무를 맡은 관리들이 유의할 점을 적은 것이다. 이 책은 법의 집행에서 억울한 사람이 없기를 바라는 뜻에서 집필하였다.

이후에도 그는 식을 줄 모르는 집필 의욕을 보이며 《아언각비(雅言覺非)》를 쓰는 등 저작활동을 계속해나갔다. 《아언각비》라는 제목은 아언(雅言 : 바른말 또는 늘 쓰는 말)을 통하여 각비(覺非 : 그릇된 것을 깨우친다)한다는 뜻으로 붙인 것이다.

살아 있는 동안 수많은 저서를 남긴 다산은 회혼일(回婚日)을 맞아 한강 상류가 바라다 보이는 고향 땅에서 친척과 제자들이 모인 가운데 부인 홍씨의 품에 안겨 숨을 거두었다. 1836년 2월 22일 진시(辰時), 그의 나이 75세를 맞은 봄날. 위대한 족적을 남겨둔 채 다산은 세상을 떠났고, 그의 유언대로 4월 1일 여유당 뒤편 마현리(馬峴里) 남쪽 언덕에 묻혔다.

불계공졸로 완성한 추사의 예술혼

과천의 늙은이

1852년 10월, 북청 유배를 떠난 지 1년 만에 추사는 유배를 마치고 과천의 집으로 돌아왔다. 이 집은 부친 김노경이 한성판윤으로 있던 1824년에 마련해두었던 별장이다. 이 집의 당호는 '과지초당(瓜地草

秋史先生真像 完堂 金公像

堂)'이었다. 추사는 '과천 사는 노인'이라는 뜻으로 스스로 노과(老果), 또는 과로(果老) 등의 호를 지어 사용하였다.

제주와 북청 유배를 마치고 돌아온 추사는 이곳으로 와 1856년 10월 10일 서거하기까지 4년을 머물면서 자신의 마지막 예술혼을 불태웠다. 북청 유배를 포함하여 9년여에 걸친 유배 생활 동안 대서예가였던 추사가 할 수 있는 일은 무엇보다도 서체를 연구하고 글씨를 쓰는 일이었다.

도시의 최상류층으로서 여유로운 삶을 누리던 추사에게 유배 생활은 숨 막히게 답답했을 것이다. 그래서 유홍준이 전해준 미술사학자 동주 이용희(東州 李用熙 1917~1997)의 말처럼, 추사는 유배 기간 내내 "심심해서 쓰고, 화가 나서 쓰고, 쓰고 싶어 쓰고, 마음 달래려 쓰고…… 그 실력과 학식에 그렇게 써댔으니 일가를 이룰 수밖에 없었을" 것이며, 또 "원래 예술로서 글씨란 남을 위하여 혹은 남에게 보여주기 위해서 쓰는 것인데, 이제는 그런 제3의 계기를 차단해버리고" 자기 자신만을 위해 쓸 수 있었으므로 독특하고 개성이 넘치는 전혀 새로운 서체를 창조해낼 수 있었던 것이다.

일찍이 연암 박지원의 손자 환재 박규수(瓛齋 朴珪壽 1807~1876)는 제주 유배 후 추사의 글씨에 대하여 "만년에 바다 건너 돌아온 후 다시는 남의 행보에 얽매이지 않았고 여러 사람들의 장점을 모아 스스로 일가를 이루게 되니, 신비스러운 기운이 바다의 파도처럼 밀려왔다(晩年渡海還後 無復拘牽步趣 集衆家長 自成一法 神來氣來 如海似潮)"라고 썼다. 《환재선생집(瓛齋先生集)》 '권11'에 나온다.

추사는 벗 권돈인에게 보낸 편지에서 자신의 열정과 노력에 대해 당당하게 피력했다.

"나의 글씨는 비록 말할 만한 것은 못 되지만, 70년 동안에 10개의 벼루를 갈아 구멍을 내었고 천 자루의 붓을 몽당붓으로 만들었습니다."

吾書雖不足言 七十年 磨穿十研 禿盡千毫

추사에게 있어 서법이 추구하는 절대가치는 당나라 '구양순(歐陽詢)'의 해서(楷書) '구성궁예천명(九成宮醴泉銘)'으로 시작하여 서한(西漢)시대 비석의 방경(方勁 : 모나며 굳셈)·고졸(古拙 : 예스럽고 졸박함)한 경지의 예서(隸書)를 구현하는 것이었다. 추사는 이를 '법고창신(法古創新)'이

추사의 도장 '불계공졸(不計工拙)' "잘되고 못되고를 따지지 않는다"는 뜻이다. 국립중앙박물관 소장

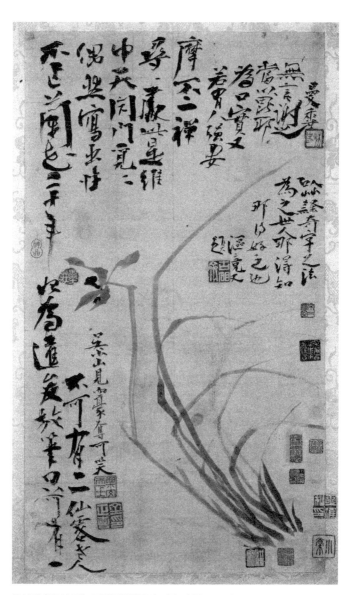

추사의 〈불이선란〉, 국립중앙박물관 기탁, 손창근 소장

라고 했다. 추사의 문자 세계는 서한의 예서를 본받아 새로운 문자 세계를 창조하는 것을 궁극의 목표로 하고 있었다.

결국 추사는 유배 생활 동안 그의 천재성 위에 완하삼백구비(腕下三百九碑)●를 갖추고, 지칠 줄 모르는 꾸준한 연찬(硏鑽)을 더하여 전혀 새로운 문자구조를 창조해내었던 것이다.

유배 후 추사 서체의 경향을 추사연구가 이동국은 '비첩혼융(碑帖混融)'이라고 특징지었다. 즉 비석의 글씨와 서첩 류의 글씨가 뒤섞여 조화를 이루고 있다는 말이다. 그러나 추사 말년의 서체를 표현하는 데 있어서 이 정도의 용어로 특정(特定)하는 것 자체로는 다소 버거워 보인다.

'불계공졸(不計工拙)', 그의 글씨는 어느덧 잘되고 못되고의 경계조차 벗어나 있었다. 그래서 추사가 말년에 쓴 글씨는 어떤 경향에도 얽매이지 않으면서도, 어느 때는 고졸한 옛 비석의 예서가 되었다가, 또 어느 때는 칼날처럼 매서운 행서가 되어 나타났다. 글씨에 각이 잡혔다가 어느새 원만해지기도 하고, 윤택하고 기름이 좌르르 흐르던 필획이 금세 야위고 까칠하게 변해가기도 했다. 그래서 그의 글씨는 어떤 카테고리 속에 넣어 애써 특징지어 보려고 해도 순식간에 그 특징에서 벗어나버리는 천연(天然)스러움, 그 자체가 되었다.

추사가 붓으로 글씨를 쓴 것이 아니라, 글씨가 스스로 뜻이 되고 사연이 되어 붓을 끌고 다닌 것이다. 그래서 그가 의도하지 않아도 그의

● 완하삼백구비(腕下三百九碑) : 팔뚝 아래 중국의 옛 비석의 서체 309가지를 모두 익혀 갖추었다는 뜻이다.

글씨는 저절로 고졸하고 기괴(奇怪)하며 신기(神氣)가 넘쳐흘렀다.

70세인 1855년, 또는 70세 전후의 작품이라고 전해지고 있는 〈불이선란(不二禪蘭)〉은 이미 신품의 경지에 도달해 있었다.

손길 가는 대로 붓질을 몇 번 쓱쓱 하여 비스듬한 난초 몇 촉을 왼쪽으로 그려놓고, 예서와 초서를 무겁게 버무려가며 왼쪽 위에서 오른쪽 역방향으로 칠언절구 시 한 수를 덜컥 써놓았다. 그리고 그 옆에 잔글씨로 뜬금없이 토를 달더니, 이번에는 오른쪽 중간에서 왼쪽으로 해학적인 제발(題跋)을 달았다. 그러고는 어느새 다시 왼쪽 아랫부분의 모퉁이를 파고 들어가 오른쪽 방향으로 작품을 그리게 된 동기를 몇 자 쓰고는 그 옆에 살짝 익살스럽게 당시 현장 모습을 서술했다. 어딘지 모르게 엉성하고 까칠한 묵란도에 이렇게 파격적인 제발이 함께 어울리면서 전체적인 균형과 조화가 완벽하게 이루어져 더할 나위 없는 조형미가 완성되었다. 이 작품에서 추사는 글씨를 한 자 한 자 써내려간 것이 아니라 마음 내키는 대로 뭉텅뭉텅 공간을 구성해나간 것이다.

난초를 그리지 않은 지 20년 만에
우연히 본연의 참모습을 그렸네.
문을 닫은 채 깊이깊이 찾으며 또 찾은 곳
이것이 유마의 불이선이라네.

만약 어떤 사람이 억지로 요구하며 구실을 삼는다면

또 마땅히 유마거사의 무언으로 사양하리라.

만향

초서와 예서, 기자(奇字)의 법으로 그렸으니

세상 사람들이 어찌 알겠으며, 어찌 좋아하겠는가.

구경이 또 쓰다.

애초 달준이를 위해 아무렇게나 그렸으니

단지 한 번만 가능하고 두 번은 불가하다.

선객노인●

소산 오규일(吳圭一)이 보고 강제로 뺏어가니, 우습구나.

不作蘭畫二十年

偶然寫出性中天

閉門覓覓尋尋處

此是維摩不二禪

若有人强要爲口實

又當以毘耶無言謝之

曼香

以草隷奇字之法爲之

世人那得知, 那得好之也

漚竟又題

始爲達俊放筆

只可有一, 不可有二

仙客老人●

吳小山見而豪奪, 可笑

　1842년 11월 13일, 추사의 부인 예안 이씨가 세상을 떠났다. 제주 유배지에서 부인이 죽은 뒤 한 달이 지나서야 비로소 부음을 듣게 된 추사는 오열했다. 그는 가슴이 찢어지는 아픔을 안고 피눈물을 삼키며 '돌아간 이를 슬퍼하는 글' 즉 〈애서문(哀逝文)〉을 지었다. 그리고 그 속에 부인을 먼저 보내는 자신의 심정을 이렇게 썼다.

　아아! 슬프구나. 나는 형틀이 앞에 놓이고, 뒤이어 유배●를 가게 될 때에도 일찍이 내 마음이 흔들리지 않았는데, 이제 단 한 사람, 부인의 상을

● 선객노인(仙客老人)을 선락노인(仙老人)으로 보고 여기에 특별한 의미를 부여하는 억지견해도 있으나, 필자가 원본을 확대하여 확인한 결과, 객(客) 자 부분에 생긴 균열로 글씨가 끊어져 획이 늘어나 생긴 오해였다. 이는 인쇄된 작품을 기준작으로 삼고 고증하려다 생긴 오류로 여겨진다. 구태여 밝히자면, 락자는 '雨' 밑에 '各'자를 쓰는 '비 떨어질 락(霿)'자이다.

● 유배 원문의 영해(嶺海)는 오령(五嶺)의 남쪽, 근해(近海)의 변방으로 중국의 대표적인 유배지였기 때문에, 일반적으로 유배지 또는 유배 생활을 뜻하는 말로 쓰인다.

당해서는 너무 놀라고 얼이 빠져 마음을 다잡을 수가 없으니● 이는 무슨 까닭인가?

嗟嗟乎 吾桁楊在前 嶺海隨後 而未嘗動吾心也

今於一婦人之喪也 驚越遁剝 無以把捉其心 此曷故焉

이어서 부인의 죽음을 애도하는 시 한 편을 지어 부인을 먼저 떠나보내는 슬픈 마음을 노래했다.

죽은 아내를 애도하며(悼亡)

어찌하면 월하노인이 저승●에 호소하여

다음 세상에 남편, 아내 자리 바꿔 태어나

내가 죽고 그대 천 리 밖에 산다면

이 내 마음속 슬픔을 그대가 알 터인데.

那將月姥訟冥司

來世夫妻易地爲

我死君生千里外

使君知我此心悲

● 너무 놀라고 … …에서 원문의 '경월(驚越)'은 '신혼경월(神魂驚越)', '경월심신(驚越心神)'의 의미로 혼이 달아날 듯이 놀라다라는 뜻이다.

● 원문의 '명사(冥司)'는 저승, 즉 명부(冥府)에서 일을 보는 관리를 뜻하는 말이다.

추사는 생전에 대련(對聯) 작품을 많이 남겼다. 그중에는 그의 예술세계를 대표하는 명작이 많다.

추사가 세상을 떠나기 약 두 달 전쯤에 쓴 '대팽두부과강채 고회부처아녀손(大烹豆腐瓜薑菜 高會夫妻兒女孫)' 대련은 추사가 평생 동안 쓴 작품 중에서도 백미로 손꼽힌다.

"가장 좋은 음식은 두부, 오이, 생강, 채소이며, 가장 좋은 모임은 부부, 아들, 딸, 손자가 모인 것이다."

大烹豆腐瓜薑菜 高會夫妻兒女孫

추사는 이렇게 대련 구(句)를 쓰고 첫 번째 서폭 양쪽 옆에 협서(脇書)로 이렇게 썼다.

이것은 시골 글방선생의 즐거움 중에서 첫 번째 즐거움이다. 비록 허리춤에 큰 황금 인장을 차고 한 길이나 되는 밥상 앞•에 시중을 드는 첩이 수백 명 있다 하더라도 능히 이런 맛을 누릴 수 있는 사람이 몇이나 되겠는가?

• 한 길이나 되는 밥상 …… : 원문의 '食前方丈 侍妾數百人'은 《맹자》〈진심하(盡心下)〉에서 인용한 말이다. 맹자가 "밥상에 사방 한 길의 음식을 차린 것과 시첩이 수백 인이 되는 것을 나는 뜻을 얻더라도 하지 않을 것이다(食前方丈 侍妾數百人 我得志 不爲也)"라고 한 데서 온 말이다.

此爲村夫子 第一樂上樂 雖腰間斗大黃金印 食前方丈 侍妾數百
能享有此味者 幾人

원래 이 내용은 명말 청초의 학자 오종잠(吳宗潛 1629~1709)의 시에
나오는 구절인데 추사가 이를 약간 변형하여 쓴 것이다.

시의 원문은 "대팽두부과가채 고회형처아녀손(大烹豆腐瓜茄菜 高會荊
妻兒女孫)", "가장 맛있는 반찬은 두부, 오이, 가지, 채소이며, 가장 좋
은 모임은 아내, 아들, 딸, 손자가 모인 것이라네"이다.

추사는 이 구절에서 가지(茄)를 생강(薑)으로, 자신의 아내를 뜻하는
형처(荊妻)●를 부부라는 일상적인 의미로 바꾸어 썼다. 추사는 상처(喪
妻)한 몸으로 자신의 아내를 뜻하는 '형처'라는 말을 쓰고 싶지 않았을
것이다. 그러나 가지를 생강으로 바꾸어 쓴 이유는 도무지 알 도리가
없다. 《논어》〈향당편(鄕黨篇)〉에는 "공자는 끼니 때마다 반드시 생강
을 잊지 않고 드셨다(不撤薑食)"라는 구절이 있다. 어쩌면 추사는 옛 성
현의 가르침을 여기에 인용하고 싶었는지도 모른다.

다산의 학문이 기존의 조선사회를 지배해왔던 성리학을 비롯한 오
학(五學)의 비판과 재해석에서 출발된 반면, 추사는 조선 지배계층이
절대 가치로 삼은 성리학을 토대로 자신의 학문을 전개해나간 것이다.

그의 학문적 동반자였던 정벽 유최관(貞碧 柳最寬 1788~1843)에게 써
준 예서를 보더라도 추사의 학문은 경서에 뿌리를 깊게 두고 있음을

● 형처(荊妻) : 남에게 자기의 아내를 겸손하게 이르는 말이다. 후한(後漢)시대 양홍(梁鴻)의 처가 가시나무
비녀를 사용한 데서 유래되었다. 황보밀(皇甫謐)이 쓴 《열녀전(烈女傳)》에 나온다.

'박종마정물반정주' 예서 도판, 정벽 후손가 소장

알 수 있다.

마융(馬融)●과 정현(鄭玄)●을 널리 종합하되, 정자(程子)와 주자(朱子)를
배격하지 말라.

博綜馬鄭 勿畔程朱

담계 노인(翁方綱)이 경서(經書)의 요지(要旨)를 말하고, 시의 비체(秘諦 :
비밀스러운 깨달음)를 논하여 여기에 모두 담았다.
지난날 받들어 들은 말씀을 생각하며 쓴 글을 정벽(貞碧)에게 주어 소학
(蘇學)●에 이르게 한다.

覃溪老人 說經要旨 論詩秘諦 盡具於此
以舊日所承聞者 書贈貞碧 至於蘇學

　조선 말 지성사에 있어서 불세출의 천재이며 예술가인 그도 결국은
평범한 한 집안의 가장이며, 한 여인의 지아비였음을 부인할 수 없다.

● 마융(馬融 79~166) : 중국 후한의 학자. 자는 계장(季長)이다. 많은 고전에 주석(註釋)을 가하여 훈고학(訓
詁學)을 시작한 사람으로 알려져 있다.

● 정현(鄭玄 127~200) : 중국 후한 말기의 학자. 자는 강성(康成)이다. 마융(馬融)의 제자로 한대경학(漢代經
學)을 집대성하였다.

● 소학(蘇學) : 《소학(蘇學)》은 송(宋)나라 때 소순(蘇洵)과 그의 아들인 소식(蘇軾), 소철(蘇轍) 등 세 부자(父
子)의 학문을 말한다. 여기서는 옹방강이 평생 사숙(私淑)한 소동파, 즉 식(蘇軾) 학문을 말하는 것으로 여겨지
지만, '학문을 일깨움'의 뜻으로 보아도 될 것 같다.

금강저, 국립중앙박물관 소장

그래서 인생의 황혼 길에 마지막으로 마음이 머문 것도 가족의 소중함과 같은 지극히 보편적인 가치였을 것이다.

동치미

추사는 서예 예술이 궁극적으로 지향해야 하는 점은 "창경(蒼勁)하고 고졸하여 팔목에 금강저(金剛杵)를 갖추는 것"이라고 여러 차례 반복해서 강조했다. 여기서 말하는 금강저(金剛杵)란 제석천(帝釋天)●이 쓰던 손잡이의 양쪽 끝이 뾰족한 창(杵)으로 아수라(阿修羅)●를 쳐부술 때 쓰는 무기이다.

    홍선대원군에게 보낸 편지에서 그가 썼듯이, "가슴 속에 오천 권의

● 제석천(帝釋天)은 범왕(梵王)과 함께 불법(佛法)을 지키는 신(神)으로서 12천(天)의 하나로 동쪽의 수호신(守護神)을 일컫는다.
● 아수라(阿修羅)는 육도(六道) 팔부중(八部衆)의 하나로 얼굴이 셋이고 팔이 여섯이며 신들과 인간들의 적이 되어 싸움을 일삼는 악귀(惡鬼)이다.

추사가 죽기 3일 전 마지막으로 쓴 글씨 '판전(板殿)', 봉은사 소장

서책을 담고 팔뚝 아래 금강저를 휘두를 정도(至如胸中五千卷 腕下金剛)"
가 되어야만 글씨가 도에 이를 수 있다고 했다. 그렇다면 그가 말년에
간직한 금강저는 날카롭고 사나운 날을 세우고 있는 것이 아니라, 둥
글고 부드러우면서도 묵직한 창(杵)이었던 것이다.

말년의 그는 과천과 봉은사를 오가면서 상처받고 지친 삶을 서서히
내려놓고 있었다. 그러자 그의 몸과 마음을 평생 동안 짓눌러왔던 세
속의 모든 욕망과 번민으로부터 어느덧 자유로워져갔다.

"증자(曾子)와 사추(史鰌, 史魚)의 학문을 떨어내고 양자(楊子, 楊朱),
묵자(墨子, 墨翟)의 입을 막으며, 인의에 대한 생각조차 없애버려야 천
하의 덕이 비로소 현묘한 도를 찾을 것이다(削曾史之學 鉗楊墨之口 攘棄仁
義 天下之德始玄同矣)"라고 한 '장자'의 표현대로 그는 그가 평생에 걸쳐
추구하고 매달렸던 일체의 사상과 지식으로부터 벗어나 어린아이의
투명한 눈빛과도 같은 아름다움, 즉 '동치미(童穉美)'로 나아갔다.

맹자는 "군자는 아이의 마음을 잃지 않는다(大人者 不失其赤子之心者
也)"라고 했다. 추사는 더 이상 세속적인 현란한 기교를 더하지도 않
으면서, 꾸밈도 과장도 거부한 채 그 글씨 자체가 품고 있는 의미를
찾아내어, 붓이 가는 대로 어린 아이와 같은 맑은 마음을 작품에 담
아내었다.

봉은사의 경판을 지키고 있는 현판 글씨 '판전(板殿)'은 그가 평생의
노력 끝에 찾아낸 금강저임이 분명하다. 끝없이 앞으로만 내달리던
그의 예술혼은 아이의 마음과 같은 천진난만(天眞爛漫)한 동치(童穉)의
세계로 회귀하여 마침내 '판전' 글씨에서 종착점에 다다른 것이다.

노자는《도덕경(道德經)》에서 이렇게 말했다.

　아주 똑바른 것은 굽은 듯하고

　매우 훌륭한 기교는 서툰 듯하며

　무척 훌륭한 말은 어눌한 듯하다.

　움직임은 한기를, 고요함은 열기를 이기니

　맑고 고요함이 세상을 바르게 한다.

　大直若屈

　大巧若拙

　大辯若訥

　躁勝寒　靜勝熱

　淸靜爲天下正

추사의 '판전' 글씨는 노자의 가르침과도 정말 닮았다.

추사는 이 현판을 쓰고 난 사흘 뒤, 1856년 10월 10일에 세상을 떠났다.

참고 자료

《간송문화 秋史百五十周忌紀念號》, 한국민족미술연구소, 2006

《공재 윤두서 서거 300》, 국립광주박물관, 2014

《국역완당전집》, 민족문화추진회, 1989

《근역인수》, 대한민국국회도서관, 1968

《김생 金生 1300》, 예술의 전당, 2012

《김정희와 한중묵연》, 과천문화원, 2009

《다산과 가장본 여유당집》, 실학박물관, 2010

《다산 정약용과 치원 황상의 만남》, 다산기념관, 2010

《다산과 추사》, 추사박물관, 2015

《두산세계대백과사전》, 두산동아, 1996

《봉은사와 추사 김정희》, 불교중앙박물관, 2014

《붓 천 자루와 벼루 열 개를 모두 닳아 없애고》, 과천문화원, 2005

《유배지의 제자들》, 실학박물관, 2014

《정벽 유최관》, 석한남 번역, 추사박물관, 2015

《정약용 250》, 예술의 전당, 2012

《중국법첩》, 국립중앙박물관, 2014

《추사가 보낸 편지》, 추사박물관, 2014

《추사 글씨 귀향전 도록》, 과천문화원, 2006

《추사글씨 탁본전》, 과천시 · 한국미술연구소, 2004

《추사 김정희 연구》, 과천문화원, 2009

《추사유묵도록》, 문화재관리국, 1977
《추사박물관 개관 도록》, 추사박물관, 2013
《추사의 삶과 교유》, 추사박물관, 2013
《추사의 편지와 그림》, 추사박물관, 2014
《한국민족문화대백과》, 한국정신문화원, 1991
《한국서예일백년》, 김태정 외, 예술의전당, 1988
《秋史 金正喜》, 중앙일보, 1999

《고문진보》, 이장우 외, 을유문화사, 2004
《나는 오늘 옛그림을 보았다》, 허균, 북폴리오, 2004
《다산어록청상》, 정민, 푸르메, 2012
《다산에게 인생을 배우다》, 전도근, 북스타, 2012
《다산 정약용》, 금장태, 살림출판사, 2005
《도연명 시선》, 팽철호, 계명대학교 출판부, 2002
《미술품 컬렉터들》, 김상엽 지음, 돌베개, 2015
《미쳐야 미친다》, 정민, 푸른역사, 2004
《삶을 바꾼 만남》, 정민, 문학동네, 2012
《서예감상법》, 이완우, 대원사, 1999
《세한도》, 박철상, 문학동네, 2010
《신역 도연명》, 김학규, 명문당, 2002
《아버지 다산》, 김상홍, 글항아리, 2010
《완당평전 1, 2, 3》, 유홍준, 학고재, 2002
《우리 옛그림의 아름다움》, 이동주, 시공사, 1996
《유배지에서 보낸 편지》, 정약용, 창비, 2008
《이야기 한국사》, 이현희 · 교양국사연구회, 청아출판사, 2003
《정약용 1, 2》, 한승원, 랜덤하우스코리아, 2008
《중국미술사》, 리림찬(李霖燦) 저 · 장인용 역, 다비치, 2017
《조선시대 책과 지식의 역사》, 강명관, 천년의 상상, 2014

《초의》, 한승원, 김영사, 2003

《추사》, 한승원, 열림원, 2007

《추사와 그의 시대》, 강관식 외, 돌베개, 2002

《한권으로 읽는 조선왕조실록》, 박영규, 들녘, 2004

《흑산》, 김훈, 학고재, 2011

《추사 연구 창간호》, 이충구, 추사 김정희의 문자 인식 외, 추사연구회, 2004

《추사 연구 2》, 정후수, 추사 김정희의 북경 일정 재고 외, 추사연구회, 2005

《추사 연구 3》, 양진건, 추사의 제주도 유배생활 외, 추사연구회, 2006

《추사 연구 4》, 이동국, 추사체의 첩·비 혼용의 경계 외, 추사연구회, 2006

《추사 연구 5》, 김미선, 초의와 추사의 교유세계 외, 추사연구회, 2007

《추사 연구 6》, 정도준, 추사체의 조형성 외, 추사연구회, 2008

《추사 연구 7》, 이선경, 우선 이상적이 김 추사에게 드린 시와 글 외, 추사연구회, 2009

《추사 연구 8》, 이민식, 추사 김정희의 편액 외, 추사연구회, 2010

《추사 연구 9》, 허홍범, 추사의 대팽고회 대련 고(考) 외, 추사연구회, 2011

《추사 연구 10》, 정성본, 추사 김정희와 초의선사의 교유 외, 추사연구회, 2012

웹사이트

승정원일기, 국사편찬위원회

일성록, 서울대 규장각 한국학연구원

조선왕조실록, 국사편찬위원회

한국고전종합DB, 한국고전번역원

다산과 추사, 유배를 즐기다

초판 1쇄 발행 | 2017년 8월 18일
초판 5쇄 발행 | 2024년 1월 2일

지은이 | 석한남
펴낸이 | 신민식

펴낸곳 | 가디언
출판등록 | 제2010-000113호
주소 | 서울시 마포구 토정로 222 한국출판콘텐츠센터 401호
전화 | 02-332-4103
팩스 | 02-332-4111
이메일 | gadian7@naver.com
홈페이지 | www.sirubooks.com

ISBN | 978-89-98480-80-6 03910

이 도서의 국립중앙도서관 출판예정도서목록(CIP)은 서지정보유통지원시스템 홈페이지(http://seoji.nl.go.kr)와 국가자료공동목록시스템(http://www.nl.go.kr/kolisnet)에서 이용하실 수 있습니다.(CIP제어번호: CIP2017018495)